Guitar Chord Songbook

Christmas Songs

2nd Edition

ISBN 978-1-4803-4556-0

HAL•LEONARD®
CORPORATION

7777 W. BLUEMOUND RD. P.O. BOX 13819 MILWAUKEE, WI 53213

Visit Hal Leonard Online at
www.halleonard.com

Guitar Chord Songbook

Contents

All I Want for Christmas Is My Two Front Teeth

Words and Music by
Don Gardner

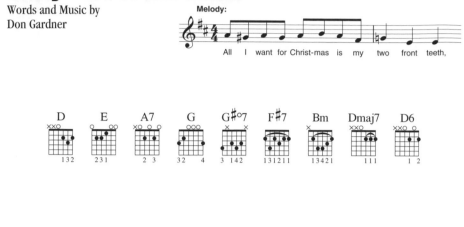

D E A7 G G#°7 F#7 Bm Dmaj7 D6

Chorus 1

     D   **E**
All I want for Christmas is my two front teeth,

  A7   **D**
My two front teeth, see my two front teeth.

                   E
Gee, if I could only have my two front teeth

    A7   **D**
Then I could wish you, "Merry Christmas."

Verse

    G   **G#°7**
It seems so long since I could say,

   D   **A7**   **D**   **F#7**
"Sister Susie sitting on a thistle."

Bm   **G#°7 E** **A7**   **N.C.**
Ev'ry time I try to speak all I do is whistle. Sssss.

Chorus 2

    D   **E**
All I want for Christmas is my two front teeth,

     A7   **D**
My two front teeth, see my two front teeth.

                            G   **G#°7**
Gee, if I could only have my two front teeth

         D   **A7**   **Dmaj7** **D6** **D**
Then I could wish you, "Merry Christmas."

Bridge

    G   **G#°7**
    Good old Santa Claus and all his reindeer

    D   **A7**   **D**
    They used to bring me lots of toys ___ and candy.

    F#7   **Bm**
    Gee but,   but now when I go out and call,

                       G#°7
    "Dancer, Prancer, Donner and Blit - zen,"

        E   **A7**   **N.C.**
    None of them can understand ___ me. Ssssss.

Chorus 3

    D   **E**
All I want for Christmas is my two front teeth,

     A7   **D**
My two front teeth, see my two front teeth.

                            G   **G#°7**
All I want for Christmas is my two front teeth

    D   **A7**   **Dmaj7** **D6**   **N.C.**
So I can wish you, "Merry Christ - mas." *Christmas, Christmas.*

                                      D
Oh, for goodness sakes. Happy New Year!

As Long as There's Christmas

from Walt Disney's BEAUTY AND THE BEAST – THE ENCHANTED CHRISTMAS

Music by Rachel Portman
Lyrics by Don Black

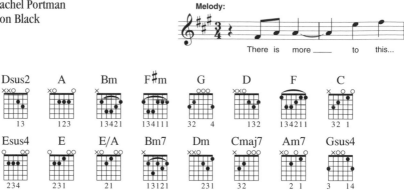

Melody:

There is more ____ to this...

| Dsus2 | A | Bm | F#m | G | D | F | C |
| Esus4 | E | E/A | Bm7 | Dm | Cmaj7 | Am7 | Gsus4 |

Intro

|Dsus2 | |A |Bm | |F#m|
There is more__ to this time of year

| |G | |D|
Than sleighbells and holly,

|F | |C|
Misteltoe and snow.

|A | | |Esus4 E|
Those things will come and go.

Verse 1

| |A |Bm|
Don't look inside a stocking.

| |A | |E/A|
Don't look under the tree.

| |A | |D|
The one thing we're looking for

|Bm7 | |E|
Is something we can't see.

| |A | |Bm|
Far more precious than silver

| |A | |E/A|
And more splendid than gold,

| |A | |D|
This is something to treasure,

|Bm7 | |Esus4 E|
But it's something we can't hold.   Oh.

Chorus 1

     A   D   Bm7 E
As long as there's Christmas, I truly be-lieve

     A   D   A   Esus4
That hope is the greatest of the gifts we'll re-ceive,

E   A
We'll re-ceive.

Verse 2

       C   Dm
As we all pray to-gether,

       C   Cmaj7
It's a time to re-joice.

        Am7   G   F
And though we may   look diff'rent,

     Dm   Gsus G
We'll all sing with one voice.

Esus4   E
  Whoa.

Chorus 2

     A   D   Bm7 E
As long as there's Christmas, I truly be-lieve

     A   D   A   Esus4 E
That hope is the greatest of the gifts we'll re-ceive.

     A   D   Bm7   E
As long as there's Christmas, we'll all be just fine.

     A   D   A   E Bm7 E
A star shines a-bove us, lighting your way and mine.

Chorus 3

     A   D   Bm7 E
As long as there's Christmas, I truly be-lieve

     A   D   A   E
That hope is the greatest of the gifts we'll re-ceive,

     A   D   Bm7   E
As long as our guiding star   shines a-bove,

        A   D
There'll always be Christmas,

        A   Bm7
So there always will be a time

          A   Esus4   A
When the world is filled with peace and love.

Baby, It's Cold Outside
from the Motion Picture NEPTUNE'S DAUGHTER
By Frank Loesser

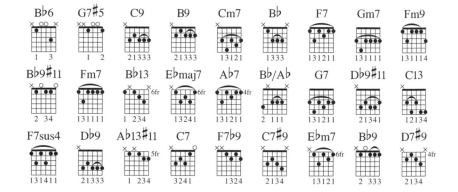

Intro

| Bb6　G7#5 | C9　B9 |

Verse 1

    Bb6　　　　　**Cm7**
I really can't stay,

         Bb　　　　**G7#5**
(But baby it's cold outside!)

    Cm7　　　**F7**
I've got to go 'way.

      Cm7　　　**F7**
(But baby it's cold outside!)

    Bb6　　　　　**Cm7**
This evening has been

       Bb
(Been hoping that you'd drop in.)

   Gm7　　**Fm7**
So__ very nice.

   Bb9#11　　　**Fm7**　　**Bb13**
(I'll hold your hands,__ they're__ just like ice.)

E♭maj7
My mother will start to worry

(Beautiful, what's your hurry?)

A♭7
And father will be pacing the floor.

(Listen to the fireplace roar!)

B♭9♯11 B♭/A♭
So really   I'd better scurry,

G7   D♭9
(Beautiful, please don't hurry.)

C13   **F7sus4**
Well, maybe just half a drink more.

(Put some records on while I pour.)

B♭6   **Cm7**
The neighbors might think,

      B♭   **G7**
(Baby, it's bad out there.)

Cm7   **F7**
Say,   what's in this drink?

              Cm7   **F7**
(No cabs to be__ had out there.)

B♭6   **Cm7**
I wish I knew how

              B♭
(Your eyes are like starlight now)

Gm7   **Fm9**
To__ break the spell.

      B♭9♯11   **Fm9**   **B♭13**
(I'll take your hat,   your hair looks swell.)

E♭maj7
I ought to say "No, no, no, Sir!"

            D♭9
(Mind if I move in closer?)

C13
At least I'm gonna say that I tried.

F7sus4   **F7**
(What's the sense of hurting my pride.)

 Bb6   **Ab13#11**
I really can't stay.

               G7
(Oh, baby, don't hold__ out.)

        C7 **F7b9** **Bb** **G7** **C7#9** **F7**
Ah, but it's cold out - side.

|**Bb6** **G7** |**C7#9** **F7** |

  Bb6   **Cm7**

Verse 2   I simply must go.

         Bb   **G7#5**
(But baby it's cold outside!)

  Cm7   **F7**
The answer is no!

       Cm7   **F7**
(But baby it's cold outside!)

  Bb6   **Cm7**
The welcome has been,

       Bb
(How lucky that you dropped in.)

 Gm7   **Fm9**
So___ nice and warm.

    Bb9b11 **Fm9** **Bb13**
(Look out the win - dow__ at that storm.)

  Ebmaj7
My sister will be suspicious,

(Gosh, your lips look delicious.)

  Ab7
My brother will be there at the door.

(Waves upon a tropical shore!)

 Bb9#11   **Bb/Ab** **G7**
My maiden aunt's mind is vicious.

Db9#11
(Gosh, your lips are delicious)

C13   **F7sus4**
Well, maybe just a cigarette more.

(Never such a blizzard before.)

Bb6   **Cm7**
I've got to get home.

        Bb   **G7**
(Baby, you'd freeze out there.)

Cm7   **F7**
Say, can you lend me your comb?

      Cm7   **F7**
(It's up to your___ knees out there.)

   Bb6   **Cm7**
You've really been grand,

       Bb
(I thrill when you touch my hand.)

 Gm7   **Fm9**
But___ don't you see,

   Bb9#11 **Fm9** **Bb13**
(How can you do   this thing to me.)

   Ebmaj7
There's bound to be talk tomorrow.

     Db9
(Think of my life-long sorrow.)

C13
At least there will be plenty implied.

F7sus4   **F7**
(If you caught pneu-monia and died.)

 Bb6   **Ab13#11**
I really can't stay,

       G7
(Get over that old___ doubt.)

      C7 **Ebm7** **Bb9** **D7#9** **Ebmaj7** **F7sus4** **F7** **Bb9#11**
Ah, but it's cold out - side.

Because It's Christmas
(For All the Children)

Music by Barry Manilow
Lyric by Bruce Sussman
and Jack Feldman

Melody:

To night the stars _ shine _ for the chil - dren...

Verse 1

    A   Dmaj7 D6
Tonight the stars shine for the children

Bm   **E7sus4 E7**   **A**
And light the way for dreams to fly.

F#m   **Bm**
Tonight our love comes wrapped in__ ribbons.

E7sus4   **E7**   **A**
The world is right and hopes are high.

F#m   **D**
And from a dark and frosted window

         C#7   **F#m**
A child ap-pears to search the sky

        Bm7   **E7sus4**   **E7**
Because it's Christmas, because it's Christmas.

Verse 2

A   Dmaj7   D6
Tonight belongs to all the children.

Bm   E7sus4 E7   A
Tonight their joy rings through the air.

F#m   Bm
And so, we send our tender___ blessings

E7sus4   E7   A
To all the children ev'ry-where,

F#m   D
To see the smiles and hear the laughter;

        C#7   F#m
A time to give, a time to share,

          F   A
Because it's Christmas for now and for-ever

        F#m   B   E7   A Dmaj7 D6
For all of the children   and for the children in us all.

| G7sus4 | Am7 G F G |

Verse 3

C   Fmaj7 F6
Tonight belongs to all the children.

Dm7   G7   C
Tonight their joy rings through the air.

Am   Dm7
And so, we send our tender blessings

G7   C
To all the children ev'ry-where,

Am   F
To see the smiles and hear the laughter;

      E7sus4 E7   Am
A time to give,   a time to share,

        Ab   C
Because it's Christmas for now and for-ever

        Am7   D   G7sus4 G7   C
For all of the children   and for the chil - dren in us all.

Outro

‖: C | Fmaj7 F6 | Dm7   G7 | C |
| Am | Dm7 | G7sus4 G7 | C G7sus4 :‖ *Repeat and fade*

Caroling, Caroling

Words by Wihla Hutson
Music by Alfred Burt

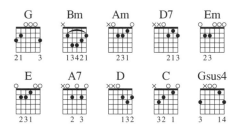

Verse 1

G   Bm   G   Bm
Caroling, caroling, now we go,

Am   D7   G   Em
Christmas bells are ring-ing!

Bm   E   Bm   E
Caroling, caroling through the snow,

Em   A7   D
Christmas bells are ringing!

Am   D
Joyous voices sweet and clear,

G   Em
Sing the sad of heart to cheer.

C   G   D7   G
Ding, dong, ding, dong,

Am   D7   Gsus4   G
Christmas bells are ring - ing!

Verse 2

G   Bm   G   Bm
Caroling, caroling through the town,

Am   D7   G Em
Christmas bells are ring-ing!

Bm   E   Bm   E
Caroling, caroling up and down,

Em   A7   D
Christmas bells are ringing!

Am   D
Mark ye well the song we sing,

G   Em
Gladsome tidings now we bring.

C   G   D7 G
Ding, dong, ding, dong,

Am   D7   Gsus4 G
Christmas bells are ring - ing!

Verse 3

G   Bm   G   Bm
Caroling, caroling, near and far,

Am   D7   G Em
Christmas bells are ring-ing!

Bm   E   Bm   E
Following, following yonder star,

Em   A7   D
Christmas bells are ringing!

Am   D
Sing we all this happy morn,

 G   Em
"Lo, the King of heav'n is born!"

C   G   D7 G
Ding, dong, ding, dong,

Am   D7   Gsus4 G
Christmas bells are ring - ing!

The Chipmunk Song

Words and Music by
Ross Bagdasarian

Melody:

Christ - mas, Christ - mas time is near,...

| C | G7 | Dm7 | C7 | F | Fm | D7sus2 | Dm |

Verse

    C   **G7**
Christmas, Christmas time is near,

               C
Time for toys and time for cheer.

Dm7   **G7**   **Dm7** **G7**
We've been good but we can't last,

Dm7 G7   **C**
Hurry Christmas, hurry fast!

Want a plane that loops the loop;

    C7   **F**
Me, I want a hula hoop.

     Fm   **C**   **Dsus2**
We can hardly stand the wait,

       Dm   **G7**   **C**
Please, Christmas, don't be late.

C-H-R-I-S-T-M-A-S

Words by Jenny Lou Carson
Music by Eddy Arnold

When I was but a young-ster,...

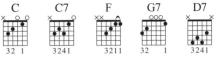

C   C7   F   G7   D7

Verse

          C   C7 F   C
When I was but a youngster,   Christmas meant one thing:

          G7   C
That I'd be getting lots of toys that day.

          G7   C
I learned a whole lot diff'rent when Mother sat me down

          D7   G7
And taught me to spell Christmas this way.

Chorus

          C   F
"C" is for the Christ child born upon this day,

          C   G7
"H" for herald angels in the night.

          C
"R" means our Redeemer,

          F
"I" means Israel,

          G7   C
"S" is for the star that shone so bright.

          G7   C
"T" is for three wise men, they who traveled far,

          D7   G7
"M" is for the manger where He lay.

          C   C7
"A" is for all He stands for,

          F
"S" means shepherds came,

          G7   C F C
And that's why there's a Christmas day.

Christmas Auld Lang Syne

Words and Music by Mann Curtis
and Frank Military

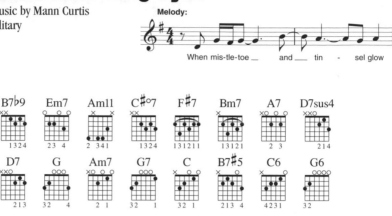

Melody:

When mis-tle-toe ___ and ___ tin - sel glow

Intro

B7♭9 | Em7 Am11 | C#°7 F#7 Bm7 | 2/4 Em7 A7 | 4/4 D7sus4 D7 |

Verse 1

    G   Em7   Am7   D7
When mistletoe ____ and ____ tinsel glow

       G   G7   C Am7 D7
Paint a Yuletide Valen - tine

       G   Em7 Am7   D7
Back home I go   to those I know

B7#5 Em7   C6 Am7 D7 G Em7 Am7 D7
For a Christmas   Auld Lang Syne.

Verse 2

       G   Em7 Am7   D7
And as we gath - er 'round the tree

      G   G7   C
Our voices all com - bine

Am7 D7 G   Em7 Am7   D7
  In sweet accord to thank the Lord

B7#5 Em7   C6 Am7 D7 G Em7 Am7 D7
For a Christmas   Auld Lang Syne.

Verse 3

        G   Em7 Am7 D7
When sleigh bells ring and   choirs sing

         G   G7 C
And the children's fac - es   shine

Am7 D7 G   Em7 Am7   D7
   With each new toy ___ we share their joy

B7#5   Em7   C6 Am7 D7 G Em7 Am7 D7
  With a Christmas   Auld   Lang Syne.

Verse 4

        G   Em7 Am7 D7
We sing His praise this   day of days

       G   G7 C
And pray next year this time

Am7 D7 G   Em7   Am7   D7
   We'll all be near ___ to share the cheer

B7#5 Em7   C6 Am7 D7 G Em7 Am7 D7
  Of a Christmas   Auld   Lang Syne.

Verse 5

|G   Em7 |Am7 D7 |G   G7 |

C Am7 D7 G   Em7 Am7   Em7 A7
     In   sweet accord we   thank the Lord

N.C.   Bm7   Em7 Am7 D7 G C6 G C6 Bm7 D7 G6
For our Christ - mas   Auld   Lang Syne.

Christmas in Killarney

Words and Music by John Redmond
and Frank Weldon

Verse 1

     C
The holly green, the ivy green,

     F   **C**
The prettiest picture you've ever seen

     F   **C**
Is Christmas in Kill - arney

     Dm7   **G7**   **C**
With all of the folks at home.

Verse 2

     C
It's nice you know, to kiss your beau

     F   **C**
While cuddling under the mistletoe.

     F   **C**
And Santa Claus you know of course

     F   **G7**   **C**
Is one of the boys from home.

Bridge 1

     Am   **Am(♭5)** **Am** **Am(♭5)**
The door is always   open,

     Am   **Am(♭5)** **Em**
The neighbors pay a call.

     F   **Em**
And Father John be - fore he's gone

     Am   **D7**   **G7** **G7♯5**
Will bless the house and all.

	C
Verse 3	How grand it feels to click your heels

           F   C

And join in the fun of the jigs and reels.

           F   Dm7   Em7   C

I'm handing you no blarney

                      C7   F   Dm7

The likes you've never known

    E♭°7   Em7 A7

Is Christmas in Kill - arney

    Dm7   G7   C

With all of the folks at home.

Bridge 2 |Am |Em |G |Dm |

C   Dm7

Christmas in Killarney is wonderful to see.

    C   F   D7   G

So listen to my story and I'll take you back with me.

Verse 4	*Repeat Verse 1*
Verse 5	*Repeat Verse 2*
Bridge 3	*Repeat Bridge 1*

	C
Outro-Verse	How grand it feels to click your heels

           F   C

And join in the fun of the jigs and reels.

           F   Dm7   Em7   C

I'm handing you no blarney

                      C   F   Dm7

The likes you've never known

    F   C

Is Christmas in Kill - arney

    Dm7   G7   C

With all of the folks at home.

Christmas Is A-Comin'
(May God Bless You)

Words and Music by
Frank Luther

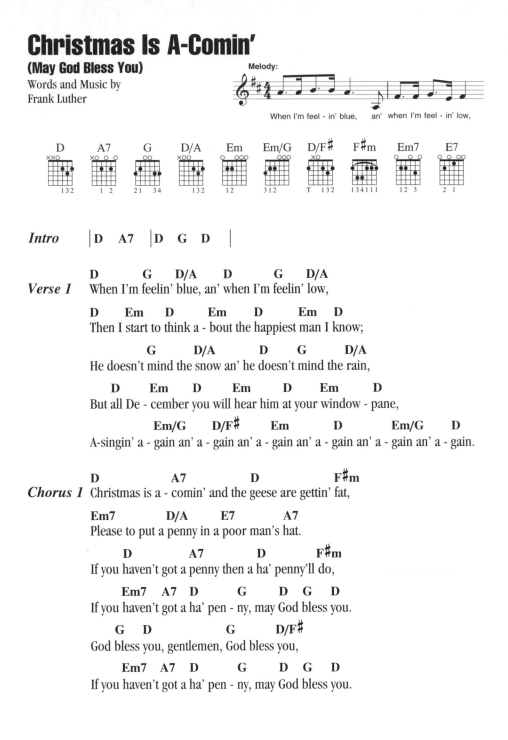

Melody:

When I'm feel-in' blue,   an' when I'm feel-in' low,

D   A7   G   D/A   Em   Em/G   D/F#   F#m   Em7   E7

Intro |D A7 |D G D |

	D G D/A D G D/A
Verse 1	When I'm feelin' blue, an' when I'm feelin' low,

D   Em   D   Em   D   Em   D
Then I start to think a - bout the happiest man I know;

        G   D/A   D   G   D/A
He doesn't mind the snow an' he doesn't mind the rain,

    D   Em   D   Em   D   Em   D
But all De - cember you will hear him at your window - pane,

        Em/G   D/F#   Em   D   Em/G   D
A-singin' a - gain an' a - gain an' a - gain an' a - gain an' a - gain an' a - gain.

            D   A7   D   F#m
Chorus 1 Christmas is a - comin' and the geese are gettin' fat,

Em7   D/A   E7   A7
Please to put a penny in a poor man's hat.

        D   A7   D   F#m
If you haven't got a penny then a ha' penny'll do,

        Em7 A7 D   G   D G D
If you haven't got a ha' pen - ny, may God bless you.

    G   D   G   D/F#
God bless you, gentlemen, God bless you,

        Em7 A7 D   G   D G D
If you haven't got a ha' pen - ny, may God bless you.

Chorus2

D   A7   D   F#m
Christmas is a - comin' and the lights are on the tree,

Em7 D/A   E7   A7
How about a turkey leg for poor old me?

  D   A7   D   F#m
If you haven't got a turkey leg, a turkey wing'll do,

  Em7 A7 D G   D G D
If you haven't got a turkey wing, may God bless you.

  G D   G   D/F#
God bless you, gentlemen, God bless you,

  Em7 A7 D G   D G D
If you haven't got a turkey wing, may God bless you.

Chorus3

D   A7   D   F#m
Christmas is a - comin' and the egg is in the nog,

Em7   D/A   E7   A7
Please to let me sit around your old yule log.

  D   A7   D   F#m
If you'd rather I didn't sit around, to stand around'll do,

  Em7 A7 D   G   D G D
If you'd rather I didn't stand a - round, may God bless you.

  G D   G   D/F#
God bless you, gentlemen, God bless you,

  Em7 A7 D   G   D G D
If you'd rather I didn't stand a - round, may God bless you,

  Em7 A7 D   G   D G D
If you haven't got a thing for me, may God bless you.

Christmas Pipes

Words and Music by
Brendan Graham

Melody:

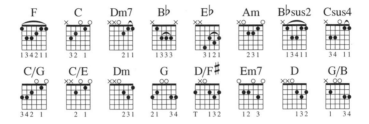

Chorus 1

    F   C   Dm7   Bb
Christmas pipes, Christmas pipes,

    F   Dm7   Eb   C
Calling us, calling on Christmas night.

    F   C   Dm7   Bb
Call us from far, call us from near.

      F   C   Am Bb
Oh, play me your Christ - mas pipes.

Verse 1

    F   Csus4 Dm7   Bbsus2
Christmas bells, Christmas bells,

    F   Bbsus2 F   Csus4
Over the hills and over the dells,

    F   Csus4 Dm7   Bbsus2
Ringing out bright, ringing out clear.

     F   C   Am Bb
Oh, ring me your Christ - mas bells. (Ding, dong.)

GUITAR CHORD SONGBOOK

Verse 2

F   C   Dm7   B♭sus2
Christmas strings, Christmas strings,

F   B♭sus2 F   C
Playing the peace that Christmas brings.

F   C/G Dm7   B♭sus2
Fiddle and bow, gentle and low.

F   C/G   Am B♭
Oh, play me your Christ - mas strings.

Chorus 2

F   C   Dm7   B♭
Christmas pipes, Christmas pipes,

F   Dm7   E♭   C
Calling us, calling on Christmas night.

F   C/E Dm7   B♭
Call us from far,   call us from near.

F   C   Am B♭
Oh, play me your Christ - mas pipes.

Bridge

F   B♭   F
(O holy night, the stars are brightly shining.

C   F   Csus4 Dm7   B♭sus2
It is the night   of our dear   Savior's
         Christmas choir, Christmas choir,

F   B♭sus2 F   Csus4
Birth.)
Christmas carols 'round Christmas fire.

F Csus4 Dm7   B♭sus2
Holy night, angels on high,

F   C   Am B♭
Round up your Christ - mas choir.

Verse 3

F   C   Dm7   B♭sus2
Christmas band, Christmas band.

      F   B♭   F   Csus4
You're waiting for me with your Christmas band.

F   C   Dm7   B♭sus2
Cymbal and drum, rattle and hum,

F   C   Am B♭
March out your Christ - mas band.

 F   C   B♭   C
(Good to be home to your Christ - mas...

Interlude

| F | Csus4 | Dm7 | B♭ | |
Pipes.)

| F | E♭ | Dm | Csus4 | |

Chorus 3

 G   D/F♯ Em7   C
‖: Christmas pipes, Christmas pipes,

G   Em7   F   D
Calling us, calling on Christmas night.

G   D/F♯ Em7   C
Call us from far,   call us from near.

G   D   G/B C
Play me your Christ - mas pipes. :‖

G   F   G
Play me your Christmas pipes.

     D/F♯ C/E   D
Good to be home, good to be home.

G   D/F♯   C   D
Good to be home to your Christ - mas...

Outro

‖: G | D | C | G | |
   Pipes.

| | D | F | D | :‖ *Repeat and fade*
(Christ - mas.) _____   *w/ vocal ad lib.*

The Christmas Waltz

Words by Sammy Cahn
Music by Jule Styne

G   E7   Am7   D7   Gmaj7   Em7   A7   Dm6

Verse

       G   E7   Am7   D7
Frosted window panes,   candles gleaming in-side,

       G   E7   Am7
Painted candy canes___ on the tree.

D7   G   Am7 D7   Gmaj7 Em7
   Santa's on his way, he's filled his sleigh with things,

       A7   D7
Things for you and for me.

       G   E7   Am7   D7
It's that time of year   when the world falls in love.

      G   E7   Am7 D7
Ev'ry song you hear___ seems to say:

       G   Am7   D7   Dm6 E7
"Merry Christmas, may your New Year dreams come true."

      A7   D7   G   E7
And this song of mine,   in three-quarter time,

      A7   D7   G Am7 D7 G
Wishes you and yours   the same thing, too.

The Christmas Shoes

Words and Music by Leonard Ahlstrom
and Eddie Carswell

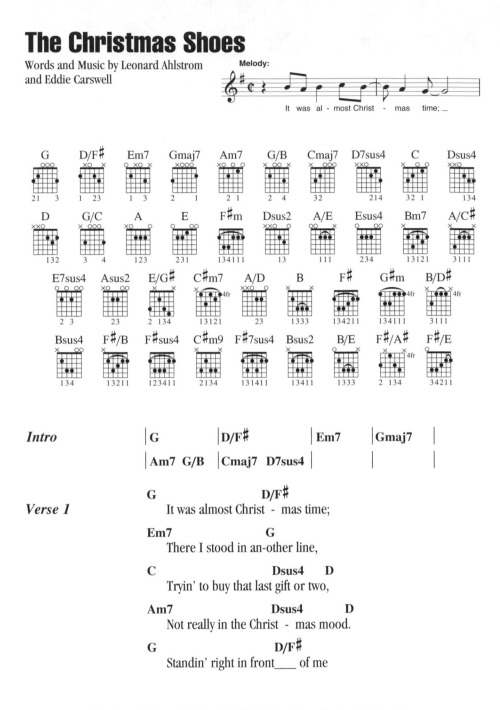

Melody:

It was al - most Christ - mas time; ___

Intro

| G | | D/F# | | Em7 | Gmaj7 | |
| Am7 G/B | | Cmaj7 D7sus4 | | | |

Verse 1

G   D/F#
It was almost Christ - mas time;

Em7   G
There I stood in an-other line,

C   Dsus4   D
Tryin' to buy that last gift or two,

Am7   Dsus4   D
Not really in the Christ - mas mood.

G   D/F#
Standin' right in front___ of me

```
    Em7              G
Was a    little boy waiting anxiously,

C                 Dsus4      D
   Pacin' 'round like little boys do,

Am7                  Dsus4  D     G
   And in his hands he held__      a pair of shoes.

        Em7                 Gmaj7
And his clothes were worn and old,

        Em7              Dsus4  D
He was dirty from head to toe.

    Am7              G/B
But when it came his time____ to pay,

   G/C              Dsus4        D
I couldn't believe what I heard him say.
```

Chorus 1
```
                A         E       F#m          E
"Sir, I wanna buy these shoes__ for my mama, please.

   Dsus2               E              A   F#m
It's Christmas Eve and these shoes are just her size.

E        A        E                  F#m
   Could you hurry, sir?    Daddy says there's not much time.

A/E    Dsus2                      E
   You see,    she's been sick for quite__ a while

   Dsus2                      E
And I    know these shoes will make__ her smile,

   Dsus2              Esus4  E
And I    want her to look beau - tiful

   Bm7  A/C#     Dsus2  E7sus4     A   Asus2 F#m Dsus2
If Mama____ meets Je  -  sus       to-night."
```

Verse 2

             A   **E/G#**
They counted pennies for what seemed____ like years,

   F#m   **A/E**
Then the   cashier said, "Son, there's not enough here."

Dsus2   **Esus4**   **E**
  He searched his pockets fran - tic'lly,

Bm7   **Esus4**   **E**
  Then he turned and he looked at me.

       A   **E/G#**
He said,   "Mama always made Christmas good at our house,

   F#m   **A/E**
Though   most years she just did without.

       D   **Esus4**   **E**
Tell me, sir, what am I gonna do?

   Bm7   **Esus4**   **E**   **A**
Some-how, I've gotta buy____ her these Christmas shoes."

   F#m   **A/E**
So I laid the money down.

   F#m   **Esus4**
I just had to help him out.

    Bm7   **C#m7**
And I'll never forget the look on his face

       A/D   **Esus4**   **E**
When he said,   "Mama's gonna look so great."

Chorus 2

         B   **F#**   **G#m**
"Sir, I wanna buy these shoes__ for my mama, please.

F#   **E**   **F#**   **B** **G#m**
  It's Christmas Eve and these shoes are just her size.

F#   **B**   **F#**   **G#m**
  Could you hurry, sir?   Daddy says there's not much time.

B/F#   **E**   **F#**
  You see,   she's been sick for quite__ a while

    E   **F#**
And I   know these shoes will make__ her smile,

    E   **F#**
And I   want her to look beau - tiful

  C#m7 B/D#   **E**   **F#**   **Bsus4** **F#/B** **B**
If Mama____ meets Jesus__ to-night."

Bridge

C#m7   B/D#
I knew I'd caught a glimpse of heav - en's love

  F#   G#m
As he thanked me and ran out.

     A   E/G# F#sus4 F#
I knew that God had sent that lit-tle boy to re-mind me

   C#m9   F#7sus4 F#
What Christmas is all a-bout.

Chorus 3

     B   F#   G#m
"Sir, I wanna buy these shoes___ for my mama, please.

F# E   F#   B G#m
  It's Christmas Eve and these shoes are just her size.

F#   B F#   G#m
  Could you hurry, sir? Daddy says there's not much time.

B/F#   E   F#
  You see, she's been sick for quite___ a while

   E   F#
And I know these shoes will make___ her smile,

   E   F#
And I want her to look beau - tiful

  C#m7 B/D#   E F# Bsus4
If Mama____ meets Jesus___ to-night."

  E   F#sus4 F#
"I want her to look beau - tiful

  C#m7 B/D#   B/E F#sus4 B
If Ma - ma___ meets Je - sus to-night."

| F#/A# | G#m | E F#/E | Bsus2 |

The Christmas Song
(Chestnuts Roasting on an Open Fire)

Music and Lyric by Mel Tormé
and Robert Wells

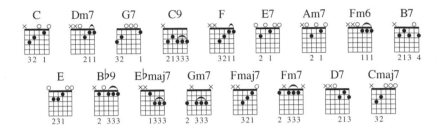

Verse

    C   Dm7   C   G7
Chestnuts roasting on an open fire,

    C   C9   F   E7
Jack Frost nipping at your nose,

    Am7   Fm6   C   B7
Yuletide carols being sung by a choir,

       E   Bb9   Ebmaj7
And folks dressed up like Eski-mos.

    G7   C   Dm   C   G7
Ev'rybody knows a turkey and some mistletoe

    C   C9   F   E7
Help to make the season bright.

    Am7   Fm6   C   B7
Tiny   tots with their eyes all a-glow

     Dm7   G7   C
Will find it hard to sleep to-night.

Bridge

           Gm7 C9   **F**
They know that San - ta's on his way;

Dm7   **Gm7**   **C9**   **Fmaj7**
He's loaded lots of toys and goodies on his sleigh,

         Fm7   **B♭9**   **E♭maj7**
And every mother's child___ is gonna spy

        Am7   **D7**   **Dm7 G7**
To see if reindeer really know how to fly.

Outro

       C   **Dm7**   **C**   **G7**
And so I'm offering this simple phrase

    C   **C9**   **F** **E7**
To kids from one to ninety-two.

  Am7   **Fm6**   **C**   **B7**
Al-though it's been said many times, many ways,

     C   **G7** **C**   **Cmaj7**
"Merry Christmas   to you."

Christmas Time Is Here

from A CHARLIE BROWN CHRISTMAS

Words by Lee Mendelson
Music by Vince Guaraldi

Intro

| Gmaj7 | D7♭9 | Gmaj7 | D7♭9 | |

Verse 1

Gmaj7   F9#11
Christmas time is here,

Gmaj7   F9#11
Happiness and cheer.

C#m7♭5   Bm7
Fun for all that children call

          Am7   D7sus4 Gmaj9
Their fav'rite time of   year.

Verse 2

Gmaj7   F9#11
Snowflakes in the air,

Gmaj7   F9#11
Carols ev'ry-where.

C#m7♭5   Bm7
Olden times and ancient rhymes

          Am7   D7sus4 Gmaj9
Of love and dreams to   share.

Bridge 1	**E♭maj7**　　　　**A♭7♭5** Sleigh bells in the air, **E♭maj7**　　**A♭7♭5** Beauty ev'ry-where. **Bm7**　　　　**E7** Yuletide by the fireside 　　**Am7**　　　　　**D13** And joyful mem'ries there.
Verse 3	**Gmaj7**　　　　**F9♯11** Christmas time is here, **Gmaj7**　　　　**F9♯11** We'll be drawing near. **C♯m7♭5**　　　**Bm7** Oh, that we could always see 　　**Am7**　　　**D7sus4 Gmaj9** Such spirit through the　　year.
Bridge 2	*Repeat Bridge 1*
Verse 4	*Repeat Verse 3*

Cold December Nights

Words and Music by Michael McCary
and Shawn Stockman

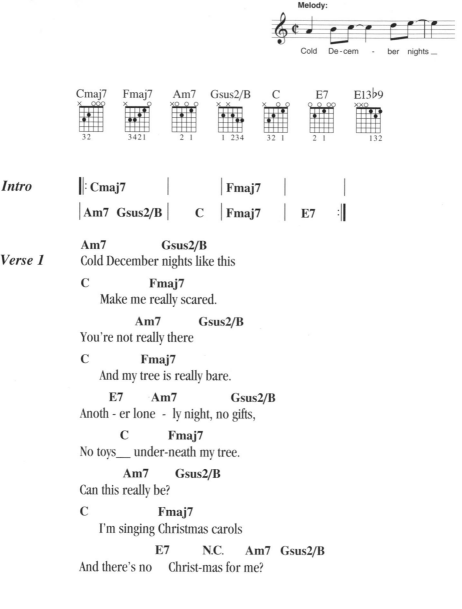

Intro

‖: Cmaj7 | | Fmaj7 | |

| Am7 Gsus2/B | C | Fmaj7 | E7 :‖

Verse 1

Am7   Gsus2/B
Cold December nights like this

C   Fmaj7
   Make me really scared.

         Am7   Gsus2/B
You're not really there

C   Fmaj7
   And my tree is really bare.

     E7   Am7   Gsus2/B
Anoth - er lone - ly night, no gifts,

        C   Fmaj7
No toys__ under-neath my tree.

      Am7   Gsus2/B
Can this really be?

C   Fmaj7
   I'm singing Christmas carols

      E7   N.C.   Am7 Gsus2/B
And there's no   Christ-mas for me?

Chorus 1

              C   Fmaj7   Am7   Gsus2/B
(Why aren't___ you next___ to me) celebrating Christmas?

                C   Fmaj7   Am7 Gsus2/B
(Why can't___ you see___ what hurts so bad?) Whoa.

        C   Fmaj7   Am7
How___ can you go___ without paying mind to my sorrow

        Gsus2/B   C   Fmaj7   E13♭9 N.C.
(You can't i-magine how,   how I feel.)
                    On this cold December night?

Verse 2

Am7   Gsus2/B   C
    The stars shine bright as the night   air,

     Fmaj7
And the thought of you not being here

      Am7   Gsus2/B
Makes me shed a tear.

C   Fmaj7
    And yet matters remain unclear

     E7   Am7   Gsus2/B
'Bout why___ you're gone,___ or if you'll ev-er

C   Fmaj7
Re-turn to this broken heart.

   Am7   Gsus2/B
Life is so torn a-part

C   Fmaj7
   And God knows,

           E7 N.C. Am7   Gsus2/B
God knows where I need   to start re-building.

Chorus 2   *Repeat Chorus 1*

Interlude   *Repeat Intro*

Chorus 3   *Repeat Chorus 1 till fade*

Do They Know It's Christmas?
(Feed the World)

Words and Music by Bob Geldof
and Midge Ure

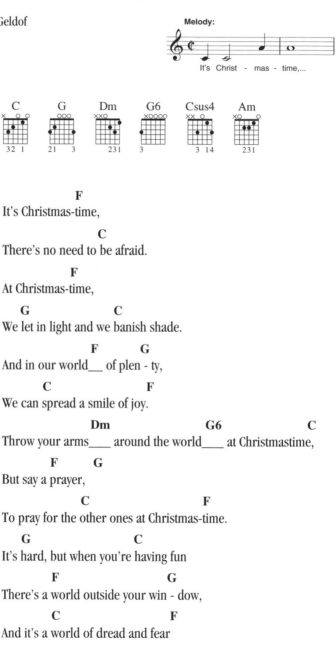

Melody:

It's Christ - mas - time,...

F   C   G   Dm   G6   Csus4   Am

Verse

           F
It's Christmas-time,

               C
There's no need to be afraid.

         F
At Christmas-time,

   G   **C**
We let in light and we banish shade.

             F   **G**
And in our world__ of plen - ty,

        C   **F**
We can spread a smile of joy.

          Dm   **G6**   **C**
Throw your arms___ around the world___ at Christmastime,

        F   **G**
But say a prayer,

          C   **F**
To pray for the other ones at Christmas-time.

     G   **C**
It's hard, but when you're having fun

         F   **G**
There's a world outside your win - dow,

       C   **F**
And it's a world of dread and fear

<pre>
    Dm   G
Where the only water flowing

    C   F
Is the bitter sting of tears.

    Dm   G
And the Christmas bells that ring__ there

    C   F
Are the clanging chimes of doom.

       Dm   G   C   Csus4 C
Well, to-night, thank God it's them__ instead of you.

       F   G   C
And there won't be snow in Af - rica this Christ - mastime,

   F   G   C
The greatest gift they'll get this year is life.

   Dm C   F   G   C   F
Oh,__   where nothing ever grows,__ no rain or rivers flow,

Dm   F   C F C
Do they know it's Christmastime at all?

Am   G
Here's to you, raise a glass for ev'ryone;

Am   G
Here's to them, under-neath that burning sun.

F   C F C F C Dm
Do they know it's Christmastime at all?
</pre>

Outro

<pre>
     C   F   C F C Dm
‖: Feed the world.

C   F   C
Feed the world.

F   Am   Dm   C
Let them know it's Christmastime a-gain.

F   Am   Dm
Let them know it's Christmastime a... :‖   *Repeat and fade*
</pre>

Do You Hear What I Hear

Words and Music by Noel Regney
and Gloria Shayne

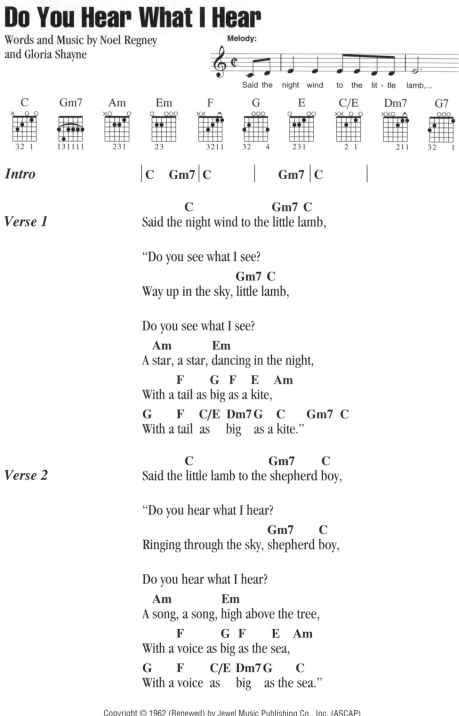

Melody:

Said the night wind to the lit - tle lamb,...

C Gm7 Am Em F G E C/E Dm7 G7

Intro |C Gm7|C | Gm7|C |

Verse 1
       C   Gm7 C
Said the night wind to the little lamb,

"Do you see what I see?
      Gm7 C
Way up in the sky, little lamb,

Do you see what I see?
  Am   **Em**
A star, a star, dancing in the night,
    F **G F** **E** **Am**
With a tail as big as a kite,
G **F** **C/E Dm7 G** **C** **Gm7 C**
With a tail as big as a kite."

Verse 2
       C   Gm7   C
Said the little lamb to the shepherd boy,

"Do you hear what I hear?
       Gm7 **C**
Ringing through the sky, shepherd boy,

Do you hear what I hear?
  Am   **Em**
A song, a song, high above the tree,
    F **G F** **E** **Am**
With a voice as big as the sea,
G **F** **C/E Dm7 G** **C**
With a voice as big as the sea."

Verse 3

```
               C                    Gm7   C
Said the shepherd boy to the mighty king,
```

"Do you know what I know?

```
                    Gm7  C
In your palace warm, mighty king,
```

Do you know what I know?

```
  Am          Em
A Child, a Child shivers in the cold;
```

```
     F       G   F     E   Am
Let us bring Him sil - ver and gold,
```

```
G     F    C/E Dm7 G       C
Let us bring Him  sil  -  ver and gold."
```


Verse 4

```
            C              Gm7  C
Said the king to the people ev'ry - where,
```

"Listen to what I say!

```
                   Gm7  C
Pray for peace, people ev'ry - where,
```

Listen to what I say!

```
  Am              Em
The Child, the Child, sleeping in the night,
```

```
     F      G   F      E   Am
He will bring us good-ness and light,
```

```
G     F   C/E Dm7  G      C   Gm7 C   Gm7 C
He will bring us   good - ness and light."
```

Feliz Navidad

Music and Lyrics by
José Feliciano

Melody:

Fe - liz Na - vi - dad. _____

Em7   A7   D   G

Chorus 1

         Em7   **A7**
Feliz Navi-dad.
         D
Feliz Navi-dad.
         Em7
Feliz Navi-dad.
         A7   **D**
Prospero año y felici-dad.

Chorus 2

Repeat Chorus 1

Verse

                   G
I want to wish you a Merry Christmas,
A7   **D**
    With lots of presents to make you happy.
                  G
I want to wish you a Merry Christmas
            A7   **D**   **G**
From the bottom of my heart.
D   **G**
    I want to wish you a Merry Christmas,
A7   **D**
    With mistletoe and lots of cheer,
                G
With lots of laughter through-out the years,
        A7   **D**   **G** **D**
From the bottom of my heart.

Chorus 3

Repeat Chorus 1

Chorus 4

Repeat Chorus 1

Frosty the Snow Man

Words and Music by Steve Nelson
and Jack Rollins

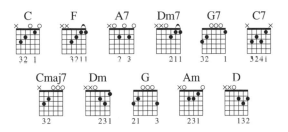

Verse 1

    C
Frosty the snow man

        F   **C**
Was a jolly, happy soul,

        F   **C**   **A7**
With a corncob pipe and a button nose

      Dm7   **G7**   **C**   **G7**
And two eyes made out of coal.

    C
Frosty the snow man

        F   **C**
Is a fairy tale they say.

        F   **C**   **A7**
He was made of snow but the children know

      Dm7   **G7**   **C**   **C7**
How he came to life one day.

Bridge 1

      F   **Cmaj7**
There must have been some magic

    Dm   **G7**   **C**
In that old silk hat they found,

    G
For when they placed it on his head,

    Am   **D**   **G**
He be-gan to dance a-round.

Verse 2

G7 C
Oh, Frosty the snow man

    F   **C**
Was a-live as he could be,

    F   **C**   **A7**
And the children say he could laugh and play

    Dm7   **G7**   **C** **G7**
Just the same as you and me.

Verse 3

C
Frosty the snowman

    F   **C**
Knew the sun was hot that day,

    F   **C**   **A7**
So he said, "Let's run and we'll have some fun

    Dm7 G7 **C**   **G7**
Now be-fore I melt a-way."

C
Down to the village

    F   **C**
With a broomstick in his hand,

    F   **C**   **A7**
Running here and there all a-round the square,

    Dm7   **G7** **C**   **C7**
Sayin', "Catch me if you can."

Bridge 2

       F   **Cmaj7**
He led them down the streets of town

      Dm   **G7**   **C**
Right to the traffic cop.

         G
And he only paused a moment when

     Am   **D**   **G**
He heard him holler "Stop!"

Verse 4

G7 C
For Frosty the snowman

       F   **C**
Had to hurry on his way,

       F   **C**   **A7**
But he waved good-bye, sayin', "Don't you cry,

     Dm7 **G7**   **C** **G7**
I'll be back a-gain some day."

Outro

C
Thumpety thump thump,

Thumpety thump thump,

        G7
Look at Frosty go.

Thumpety thump thump,

Thumpety thump thump,

        C
Over the hills of snow.

The Gift

Words and Music by Tom Douglas
and Jim Brickman

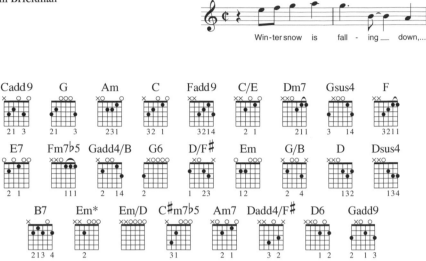

Verse 1

Cadd9	G

Winter snow is falling down,

Am   **C**

Children laughing all around,

Fadd9   **C/E**

Lights are turning on,

  Dm7   **Gsus G**

Like a fairy tale come true.

C   **G**

Sitting by the fire___ we made,

Am   **C**

You're the answer when I prayed

F   **C/E**

I would find some-one

  Dm7   **Gsus4 G**

And baby, I found you.

Chorus 1

     C/E   F   Gsus4 G
All I want__ is to hold__ you for-ever.

     C/E   F   Gsus4 G
All I need__ is you more__ ev'ry day.

C/E   E7   Am
You saved my heart___ from being broken apart.

Fm7♭5   Dm7
 You gave your love away,

C   Gsus4   C
 And I'm thankful ev'ry day for the gift.

| Gadd4/B | Am | G6 | Fadd9 | | |

Verse 2

G   D/F♯
 Watching as you softly sleep,

Em   G
 What I'd give if I could keep

Cadd9   G/B
 Just this moment,

 Am   D
If only time stood still.

G   D/F♯
 But the colors fade___ away,

Em   G
 And the years will make us gray,

C   G/B Am   Dsus4 D
 But, baby, in my eyes, you'll still be beautiful.

Chorus 2

        G/B   **C**   **Dsus4 D**
All I want___ is to hold___ you for-ever.

        G/B   **C**   **Dsus4 D**
All I need___ is you more___ ev'ry day.

G/B   **B7**   **Em*** **Em/D**
You saved my heart___ from being broken apart.

C♯m7♭5
You gave your love away.

G/B   **Dsus4**   **D**
And I'm thankful ev'ry day.

     G **Dsus4 D**
For the gift.

Chorus 3

        G/B   **C**   **Dsus4 D**
All I want___ is to hold___ you for-ever.

        G/B   **C**   **Dsus4 D**
All I need__ is you more___ ev'ry day.

G/B   **B7**   **Em*** **Em/D** **C♯m7♭5**
You saved my heart___ from being broken apart.

       Am7
You gave your love away.

G/B   **C**
I can't find the words to say

Em   **Am7**
That I'm thankful ev'ry day.

Dsus   **G** **Dadd4/F♯** **Em**
For the gift.

D6   **Cadd9**
Ooh, ah.

  Dsus   **Gadd9**
Ah,___ ooh, ooh.

Grandma's Killer Fruitcake

Words and Music by Elmo Shropshire
and Rita Abrams

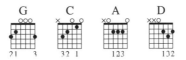

Intro |G | | | |

Verse 1

       G
The holidays were upon us

      C   **G**
And things were goin' fine,

'Til the day I heard the doorbell

      A   **D**
And a chill ran up my spine.

   G
I grabbed the wife and children

       C   **G**
As the postman wheeled it in;

A yearly Christmas nightmare

      A   **D**
Has just come back a-gain.

Chorus 1

      G
It was harder than the head of Uncle Bucky;

C   **G**
Heavy as a sermon of Preacher Lucky;

One's enough to give the whole state of Kentucky

  A   **D**
A great big belly ache!

    G
It was denser than a drove of barnyard turkeys;

C   **G**
Tougher than a truckload of all-beef jerky;

Drier than a drought in Albuquerque;

A   **D**   **G**
Grandma's killer fruit-cake!

Verse 2

     G
Now I had to swallow some marginal fare

C   **G**
At our fam'ly feast.

I even downed Aunt Dolly's possum pie

    A   **D**
Just to keep the fam'ly peace.

 G
I winced at Wilma's gizzard mousse,

    C   **G**
But said it tasted fine.

But that lethal weapon Grandma baked

   A   **D**
Is where I draw the line.

Chorus 2   *Repeat Chorus 1*

          G

Verse 3   It's early Christmas mornin';

          C   G

The phone rings us a-wake.

It's Grandma, Pa, she wants to know

A   D

How we liked the cake.

          G

Well, Grandma, I never. Uh, we couldn't.

          C   G

It was, uh, unbelievable, that's for shore.

What's that you say?

          A   D

Oh, no Grandma, puh-leez don't send us any-more!

Chorus 3   *Repeat Chorus 1*

Grandma Got Run Over by a Reindeer

Words and Music by
Randy Brooks

Melody:

Grand-ma got run o - ver by a rein-deer...

E   A   B7   E7   C#m   G#m

Chorus 1

E
Grandma got run over by a reindeer

                                       A
Walking home from our house Christmas Eve.

                           E
You can say there's no such thing as Santa,

B7   **E**
But as for me and Grandpa, we be-lieve.

Verse 1

E   B7
She'd been drinkin' too much eggnog

                     E
And we begged her not to go,

E7   A
But she forgot her medi-cation,

     B7   E
And she staggered out the door into the snow.

C#m   G#m
When we found her Christmas morning

B7   E
At the scene of the at-tack,

E7   A
She had hoofprints on her forehead

    B7   E
And in-criminating Claus marks on her back.

Chorus 2   *Repeat Chorus 1*

Verse 2

       E   B7
     Now we're all so proud of Grandpa,

                   E
He's been taking this so well.

E7   A
     See him in there watching football,

        B7   E
Drinking beer and playing cards with Cousin Mel.

C♯m   G♯m
     It's not Christmas without Grandma.

B7   E
     All the family's dressed in black,

E7   A
     And we just can't help but wonder:

        B7   E
Should we open up her gifts or send them back?

Chorus 3   *Repeat Chorus 1*

Verse 3

       E   B7
     Now the goose is on the table,

                   E
And the pudding made of pig,

E7   A
     And the blue and silver candles

        B7   E
That would just have matched the hair in Grandma's wig.

C♯m   G♯m
     I've warned all my friends and neighbors,

B7   E
     Better watch out for your-selves.

E7   A
     They should never give a license

        B7   E
To a man who drives a sleigh and plays with elves.

Chorus 4   *Repeat Chorus 1*

The Greatest Gift of All

Words and Music by
John Jarvis

Melody:

Dawn is slow - ly   break - ing,...

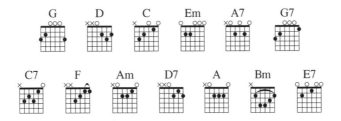

Verse 1

    G   **D** **G**
    Dawn is slowly breaking,

C   **G**
Our friends have all gone home.

    D **Em**
You and I are waiting

A7   **D**
For Santa Claus to come.

G   **D** **G** **G7**
    There's a present by the tree,

C   **G**
    Stockings on the wall.

D   **G** **C**
    Knowing you're in love with me

    G **D** **G C G G7**
Is the greatest gift of all.

Verse 2

C   G   C   C7
The fire is slowly fading,

F   C
Chill is in the air.

    G   Am
All the gifts are waiting

D7   G
For children ev'ry-where.

C   G   C   C7
Through the window I can see

F   C
Snow began to fall.

G   G7   C   F
Knowing you're in love with me

    C   G   C A7
Is the greatest gift of all.

Verse 3

D   A   D
Just be-fore I go to sleep

G   D
I hear a church bell ring.

    A   Bm
Merry Christmas ev'ryone

E7   A
Is the song it sings.

D   A   D
So I say a silent prayer

G   D
For creatures great and small.

A7   D   G
Peace on earth, good will to men,

    D   A7 D
Is the greatest gift of all.

A7   D   G
Peace on earth, good will to men,

    D   A   D   G   D
Is the greatest gift of all.

Grown-Up Christmas List

Words and Music by David Foster
and Linda Thompson-Jenner

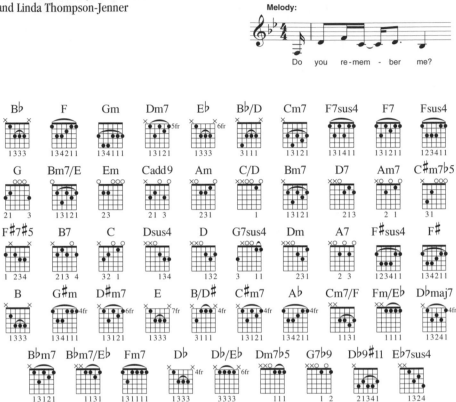

Melody:

Do you re-mem - ber me?

Intro

|Bb|F Gm|
Do you remem - ber me?

|Dm7|Eb|
I sat upon____ your knee.

|Bb/D|Cm7|F7sus4 F7|
I wrote to you with child - hood fanta-sies.

Verse 1

      B♭   F   Gm
Well, I'm all grown - up now

          Dm7   E♭
And still need help some-how.

           B♭/D   Cm7   Fsus4   F
I'm not a child____ but my heart still can dream.

    B♭   F   Gm
So here's my lifelong wish,

          Dm7   E♭
My grown-up Christmas list,

         B♭/D   Cm7   F7sus4 F7
Not for myself,____ but for a world in need.

Chorus 1

G   Bm7/E Em   Cadd9
No more lives   torn apart,

    Am   C/D   Bm7
And wars would nev - er start,

    Em   Cadd9 D7
And time would heal all hearts.

G   Bm7/E   Em   Cadd9
  And ev'ry-one would have____ a friend,

    Am7   C/D   Bm7
And right would al - ways win,

    Em   C♯m7♭5 F♯7♯5
And love would never end.

Bm7   Em   Am7   D7   G   B7
  This is my grown - up Christ - mas list.

|Em   C Am7 |Dsus4   D |

Verse 2

    Bb   F   Gm
As children we___ be-lieved

    Dm7 Eb
The grandest sight to see

    Bb/D Cm7   Fsus4 F
Was something love - ly wrapped beneath our tree.

    Bb   F   Gm
Well, heaven surely knows

    Dm7 Eb
That packag-es and bows

    Bb/D Cm7   F7sus4 F7
Can never heal___ a hurting human soul.

Chorus 2

G   Bm7/E Em   Cadd9
No more lives   torn apart,

  Am   C/D   Bm7
And wars would nev - er start,

  Em   Cadd9 D7
And time would heal all hearts.

G   Bm7/E   Em   Cadd9
And ev'ry-one would have___ a friend,

  Am7   C/D   Bm7
And right would al - ways win,

  Em   C#m7b5 F#7#5
And love would never end.

Bm7 Em   Am7   D7 G
This is my grown - up Christ - mas list.

Verse 3

G7sus4
    What is this illusion called?

Dm
    The innocence of youth.

    Em   A7
Maybe only in our blind belief

D   F#sus4 F#
Can we ever find the truth.

Interlude

| B F#   G#m | D#m7 E |
| B/D# C#m7 |F#sus4   F# |

Chorus 3

Ab   Cm7/F Fm/Eb Dbmaj7
No more lives   torn apart,

    Bbm7   Bbm7/Eb Cm7
And wars would nev - er start,

    Fm7   Fm/Eb Db Db/Eb
And time would heal_____ all hearts.

Ab   Cm7/F   Fm/Eb   Db
    And ev'ry-one would have___ a friend,

    Bbm7   Bbm7/Eb Cm7
And right would al - ways win,

    Fm   Fm/Eb Dm7b5 G7b9 Db9#11
And love would nev - er end,   oh.

Cm7   Fm7   Bbm7   Eb7sus4 Cm7
    This is___ my grown - up Christ - mas   wish.

Fm7   Dm7b5 Db9#11 Cm7
This is my only   lifelong wish.

Fm7   Bbm7   Eb7sus4 Ab
This is my grown-up Christ - mas list.

Happy Holiday

Words and Music by
Irving Berlin

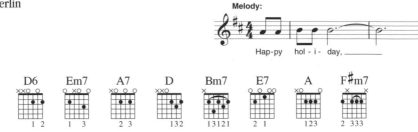

Verse 1

       D6   **Em7**   **A7**
Happy holiday, happy holiday.

                         D
While the merry bells keep ringing,

Bm7   **Em7**   **A7**   **D**
May your ev'ry wish   come true.

       D6   **Em7**   **A7**
Happy holiday, happy holiday.

                      D
May the calendar keep bringing

Bm7 Em7   **A**   **D**   **E7**
Happy holidays   to you.

Verse 2

       A   **Bm7**   **E7**
Happy holiday, happy holiday.

                    A   **F#m7**
While the merry bells keep ringing,

    Bm7   **E7**   **A**
May your ev'ry wish   come true.

              Bm7   **E7**
Happy holiday, happy holiday.

              A   **F#m7**
May the calendar keep bringing

   Bm7   **E7** **A**
Happy holidays   to you.

Happy Xmas
(War Is Over)

Written by John Lennon
and Yoko Ono

So this is X - mas...

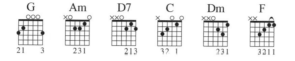

G   Am   D7   C   Dm   F

Verse 1

       G
So this is Xmas

            Am
And what have you done?

          D7 Am
Another year over,

      D7   **G**
And a new one just be-gun;

        C
And so this is Xmas,

           Dm
I hope you have fun,

         G
The near and the dear ones,

        C
The old and the young.

Chorus 1

               F
A merry, merry Xmas

           G
And a happy New Year.

           Dm   **F**
Let's hope it's a good one

          C   **D7**
Without any fear.

Verse 2

           G
And so this is Xmas

           Am
For weak and for strong,

           D7   **Am**
The rich and the poor ones,

      D7   **G**
The road is so long.

          C
And so, happy Xmas

          Dm
For black and for white,

           G
For the yellow and red ones,

          C
Let's stop all the fights.

Chorus 2   *Repeat Chorus 1*

Verse 3

            G
And so this is Xmas

               Am
And what have we done?

              D7 **Am**
Another year over,

      D7   **G**
And a new one just be-gun;

            C
And so this is Xmas,

              Dm
We hope you have fun,

            G
The near and the dear ones,

             C
The old and the young.

Chorus 3

Repeat Chorus 1

Outro

G   **Am**
War is over if you want it;

D7   **Am** **D7 G**   **D7** **Am** **G**
War is o - ver now.

Have Yourself a Merry Little Christmas

Words and Music by Hugh Martin
and Ralph Blane

Verse 1

```
C           Am  Dm7        F/G   G7
Have your - self a merry little Christ - mas,

C        Am7    G7sus4 G7
Let your heart be light.

C           Am7  Dm7
From now on our troubles will be

G7   E7  A7  D9  G7
Out of sight.
```

Verse 2

```
C           Am7 Dm7        F/G   G7
Have your - self a merry little Christ - mas,

C        Am7    G7sus4 G7
Make the Yuletide gay.

C        Am7
From now on

   Dm7           E7      Am7 C7 C7#5
Our troubles will be miles a - way.
```

Bridge 1

Fmaj7 Fm   C
Here we are as in olden days,

E♭°7   Dm7   F/G G+ C   Am7
  Happy golden days _____ of   yore.

F#m7♭5 B7♭9   Em
Faithful   friends who are dear to us

A7   G   Am7 D7   G7sus4 G7
  Gather near to us _____ once more.

Verse 3

C   Am7   Dm7   F/G G7
Through the years we all will be to - geth - er,

C   Am7   G7sus4 G7
If the fates al - low.

C   Am7   Dm7
Hang a shining star

          E7♭9 E7 Am C7
Upon the high - est bough,

C7#5 Fmaj7   Am7
And   have your - self

  Dm7   F/G   G7♭9 C   Am7 A♭m7 Gm7 C7♭9
A merry little Christ - mas   now.

Bridge 2

Fmaj7 Fm   C
Here we are as in olden days,

E♭°7   Dm7   G7sus4 G7#5 Cmaj7 Am7
  Happy golden days _____ of   yore.

F#m7♭5 B7♭9   Em
Faithful   friends who are dear to us

C#m7♭5 G   Am7 D7   G7sus4 G7
  Gather near to us _____ once more.

Outro-Verse

C   Am7   Dm7   F/G   G7
Through the years we all will be to - geth - er,

C   Am7   G7sus4 G7
If the fates al - low.

C   Am7   Dm7
Hang a shining star

          E7♭9   Am7 C7
Upon the highest bough,

C7#5 Fmaj7   Am7
And   have your - self

  Dm7   F/G   G7♭9 C F/G Cmaj7
A merry little Christ - mas   now.

Here Comes Santa Claus
(Right Down Santa Claus Lane)

Words and Music by Gene Autry
and Oakley Haldeman

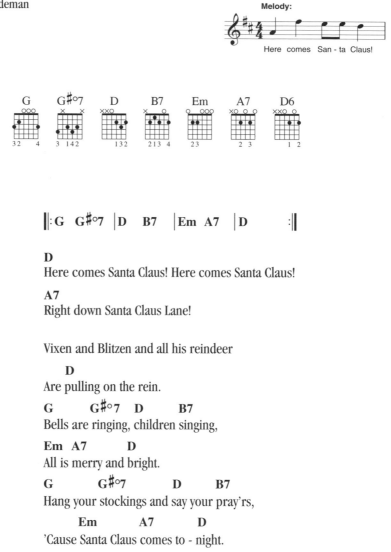

Melody:

Here comes San - ta Claus!

| G | G#°7 | D | B7 | Em | A7 | D6 |

Intro

‖: G G#°7 |D B7 |Em A7 |D   :‖

Verse 1

D
Here comes Santa Claus! Here comes Santa Claus!

A7
Right down Santa Claus Lane!

Vixen and Blitzen and all his reindeer

        D
Are pulling on the rein.

G   G#°7   D   B7
Bells are ringing, children singing,

Em A7   D
All is merry and bright.

G   G#°7   D   B7
Hang your stockings and say your pray'rs,

        Em   A7   D
'Cause Santa Claus comes to - night.

Verse 2

D
Here comes Santa Claus! Here comes Santa Claus!

A7
Right down Santa Claus Lane!

He's got a bag that is filled with toys

      D
For the boys and girls again.

G   G#°7   D   B7
Hear those sleigh bells jingle, jangle,

Em   A7   D
What a beautiful sight.

G   G#°7   D   B7
Jump in bed, cover up your head,

Em   A7   D
Santa Claus comes to - night.

Verse 3

D
Here comes Santa Claus! Here comes Santa Claus!

A7
Right down Santa Claus Lane!

He doesn't care if you're rich or poor,

      D
For he loves you just the same.

G   G#°7   D   B7
Santa knows that we're God's children,

Em   A7   D
That makes ev'rything right.

G   G#°7   D   B7
Fill your hearts with a Christmas cheer,

      Em   A7   D
'Cause Santa Claus comes to - night.

Verse 4

D
Here comes Santa Claus! Here comes Santa Claus!

A7
Right down Santa Claus Lane!

He'll come around when the chimes ring out,

     D
Then it's Christmas morn again.

G   **G#°7**   **D**   **B7**
Peace on earth will come to all

    Em   **A7**   **D**
If we just fol - low the light.

G   **G#°7**   **D**   **B7**
Let's give thanks to the Lord a - bove,

Em   **A7**   **D6**
Santa Claus comes to - night.

It Must Have Been the Mistletoe
(Our First Christmas)

Words and Music by Justin Wilde
and Doug Konecky

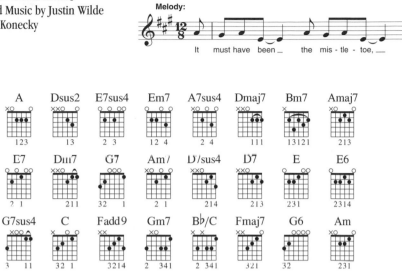

Verse 1

       A
It must have been the mistletoe,

The lazy fire, the falling snow,

Dsus2
The magic in the frosty air,

E7sus4
That feeling ev'rywhere.

       A
It must have been the pretty lights

Em7   **A7sus4**
That glistened in the silent night,

Dmaj7   **Bm7**
Or maybe just the stars so bright

E7sus4
That shined above you.

Chorus 1

Dmaj7 Amaj7
Our first Christmas,

Bm7   **E7**   **Amaj7**
More than we'd been dreaming of.

Dm7 G7   Em7   Am7 D7sus4   **D7**
Old   Saint Nich - 'las   had his fingers crossed

     E7sus4   **E**
That we would fall in love.

Verse 2

          A
It could have been the holiday,

The midnight ride upon the sleigh,

          Dsus2
The countryside all dressed in white,

          E7sus4
That crazy snowball fight.

          A
It could have been the steeple bell

          Em7   **A7sus4**
That wrapped us up with-in its spell.

     Dmaj7   **Bm7**
It only took one kiss to know,

     E7sus4   **E6**   **A**
It must have been the mistletoe.

Chorus 2

Dmaj7 Amaj7
Our first Christmas,

Bm7   **E7**   **Amaj7**
More than we'd been dreaming of.

Dm7 G7   Em7   Am7 D7sus4   **D7**
Old   Saint Nich - 'las   must have known that kiss

        G7sus
Would lead to all of this.

Outro

        C
It must have been the mistletoe,

The lazy fire, the falling snow,

        Fadd9
The magic in the frosty air,

        G7sus4
That made me love you.

        C
On Christmas Eve a wish come true,

        Gm7   **B♭/C**
That night I fell in love with you.

    Fmaj7
It only took one kiss to know,

    Dm7   **G6**   **C**
It must have been the mistletoe.

    Dm7   **G6**   **Am**
It must have been the mistletoe.

    Dm7   **G6**   **C**   **Fmaj7** **C**
It must have been the mistletoe.

A Holly Jolly Christmas

Music and Lyrics by
Johnny Marks

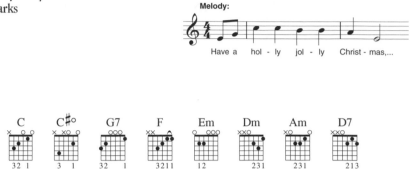

Verse 1

      C
Have a holly jolly Christmas,

      C#° **G7**
It's the best time of the year.

      C#°
I don't know if there'll be snow

G7   **C** **G7**
But have a cup of cheer.

Verse 2

      C
Have a holly jolly Christmas,

      C#°   **G7**
And when you walk down the street,

      C#°
Say hello to friends you know

G7   **C**
And ev'ryone you meet.

Bridge 1	F Em Oh, ho, the mistletoe F C Hung where you can see, Dm Am Somebody waits for you, D7 G7 Kiss her once for me.

Verse 3	C
	Have a holly jolly Christmas,
	
	     C#° G7
	And in case you didn't hear,
	
	       C
	Oh, by golly, have a holly jolly
	
	D7 G7 C
	Christmas this year.

Verse 4	*Repeat Verse 1*
Verse 5	*Repeat Verse 2*
Bridge 2	*Repeat Bridge 1*
Verse 6	*Repeat Verse 3*

(There's No Place Like)
Home for the Holidays

Words and Music by Al Stillman
and Robert Allen

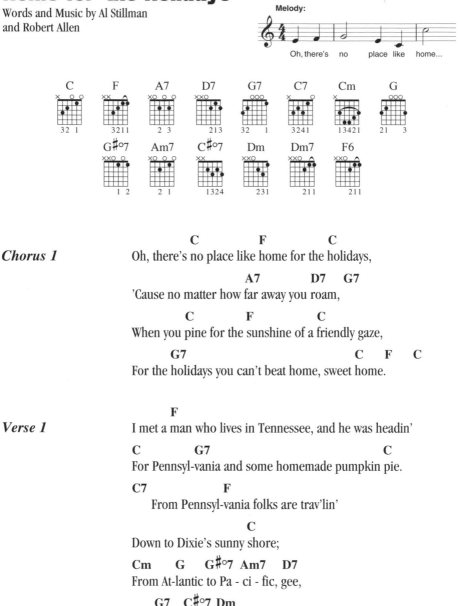

Melody:

Oh, there's no place like home...

Chorus 1

             C   F   C
Oh, there's no place like home for the holidays,

                       A7   D7 G7
'Cause no matter how far away you roam,

             C   F   C
When you pine for the sunshine of a friendly gaze,

      G7   C F C
For the holidays you can't beat home, sweet home.

Verse 1

               F
I met a man who lives in Tennessee, and he was headin'

C   G7   C
For Pennsyl-vania and some homemade pumpkin pie.

C7   F
    From Pennsyl-vania folks are trav'lin'

               C
Down to Dixie's sunny shore;

Cm   G   G#°7 Am7 D7
From At-lantic to Pa - ci - fic, gee,

      G7   C#°7 Dm
The traffic is ter-rific!

                                                          GUITAR CHORD SONGBOOK

Chorus 2

G7   C   F   C
Oh, there's no place like home for the holidays,

G7   C   A7   D7 G7
'Cause no matter how far away you roam,

     C   F   C
If you want to be happy in a million ways,

      G7 Dm7   G7   C   G7
For the holi-days you can't beat home, sweet home.

Chorus 3   *Repeat Chorus 1*

Verse 2

           F
A home that knows your joy and laughter filled

             C
With mem'ries by the score

   G7   C
Is a home you're glad to welcome with your heart.

C7   F
    From Cali-fornia to New England

             C
Down to Dixie's sunny shore;

Cm   G   G♯°7 Am7 D7
From At-lantic to Pa-cific, gee,

     G7   C♯°7 Dm
The traffic is ter-rific!

Chorus 4

G7   C   F   C
Oh, there's no place like home for the holidays,

G7   C   A7   D7 G7
'Cause no matter how far away you roam,

     C   F   C
If you want to be happy in a million ways,

      G7 Dm7   G7   Dm7 G7 C F6   C
For the holi-days you can't beat home, sweet home.

I Heard the Bells on Christmas Day

Words by Henry Wadsworth Longfellow
Adapted by Johnny Marks
Music by Johnny Marks

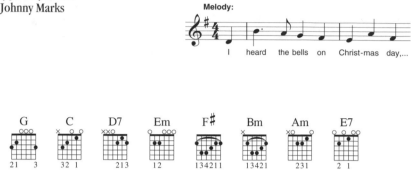

G   C   D7   Em   F♯   Bm   Am   E7

Verse 1

      G   **C**   **D7**
I heard the bells on Christmas day,

      Em   **F♯**   **Bm**
Their old familiar carols play,

      Am   **D7**   **Bm**   **E7**
And mild and sweet the words re-peat,

      Am   **E7**   **Em** **D7**
Of peace on earth, good will to men.

Verse 2

      G   **C**   **D7**
I thought how as the day had come,

      Em   **F♯**   **Bm**
The belfries of all Christen-dom

      Am   **D7**   **Bm**   **E7**
Had rolled a-long th'un-broken song

      Am   **E7**   **D7** **G**
Of peace on earth, good will to men.

Verse 3

G   C   D7
And in despair I bowed my head:

    Em   F#   Bm
"There is no peace on earth," I said,

    Am D7   Bm   E7
"For hate is strong, and mocks the song

    Am   E7   Em D7
Of peace on earth, good will to men."

Verse 4

G   C   D7
Then pealed the bells more loud and deep:

    Em   F#   Bm
"God is not dead, nor doth He sleep;

    Am   D7   Bm   E7
The wrong shall fail, the right pre-vail,

    Am   E7   D7 G
With peace on earth, good will to men."

Verse 5

G   C D7
Till ringing, singing on its way,

    Em   F#   Bm
The world revolved from night to day,

    Am   D7   Bm   E7
A voice, a chime, a chant sub-lime,

    Am   E7   D7 G
Of peace on earth, good will to men!

I Saw Mommy Kissing Santa Claus

Words and Music by
Tommie Connor

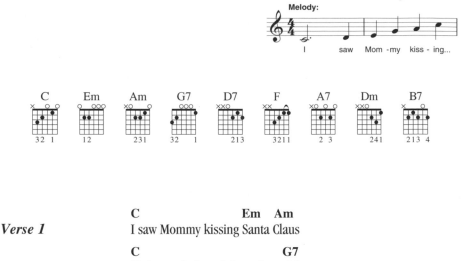

Verse 1

C   Em Am
I saw Mommy kissing Santa Claus

C   G7
Underneath the mistletoe last night.

She didn't see me creep

      C
Down the stairs to have a peep,

  D7   G7
She thought that I was tucked up in my bedroom fast asleep.

    C   Em Am
Then I saw Mommy tickle Santa Claus,

C   F A7 Dm
Underneath his beard so snowy white.

    F   B7
Oh, what a laugh it would have been

   C A7 Dm
If Daddy had only seen

G7 C   F G7 C G7
Mommy kissing Santa Claus last night.

Verse 2

C   Em Am
I saw Mommy kissing Santa Claus

C   G7
Underneath the mistletoe last night.

She didn't see me creep

           C
Down the stairs to have a peep,

  D7   G7
She thought that I was tucked up in my bedroom fast asleep.

      C   Em Am
Then I saw Mommy tickle Santa Claus,

C   F   A7   Dm
Underneath his beard so snowy white.

         F   B7
Oh, what a laugh it would have been

  C   A7 Dm
If Daddy had only seen

G7   C   F   G7 C
Mommy kissing Santa Claus last night.

I Still Believe in Santa Claus

Words and Music by Maurice Starr
and Al Lancellotti

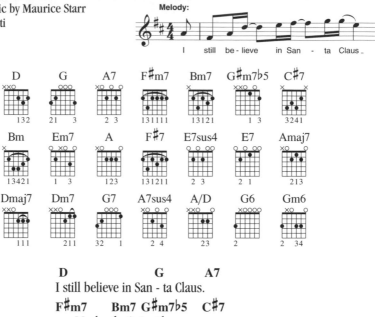

Melody:

I still be-lieve in San - ta Claus

Verse 1

D   G   A7
I still believe in San - ta Claus.

F#m7   Bm7 G#m7♭5 C#7
   Maybe that's just because

      F#m7   Bm   G
I'm still____ a child____ at heart.

      D   G   A7
And I still believe in Old__ Saint Nick.

F#m   Bm7 G#m7♭5 C#7   F#m7
   Then again,____   maybe that's____ the trick.

      Bm A7   F#m7 D
We need,____ we need to retrieve

      Em7   A   D   F#7
From a world of make be-lieve.

Bridge 1

Bm   E7sus4   E7   Amaj7 Dmaj7
   Let's make this Christmas last____ for-ever,

G   Em7 A7   Dmaj7
Shine in love   a - long the way.

      Dm7   G7
For the sake of all the chil - dren,

      E7sus4 E7   A7sus4 A7 A7sus4 A7
Let love show us   the way.

Verse 2   *Repeat Verse 1*

Bridge 2
Bm   E7sus4   E7   Amaj7 Dmaj7
  This time of year is for___ the giving.

G   Em7 A7   Dmaj7
  This time of year   Is for the joy.

  Dm7   G7
May joy and happiness

          E7sus4 E7   A7sus4 A7
Be with you always   this day.

Verse 3   *Repeat Verse 1*

Verse 4
  D   G   A7
I still believe in San - ta Claus.

F#m7   Bm7 G#m7b5   C#7
  Maybe that's just because

    F#m7   Bm   G
I'm still___ a child___ at heart.

        D   G   A7
And I still believe in Old__ Saint Nick.

F#m   Bm7   G#m7b5   C#7   F#m7
  Then again,___   maybe that's___ the trick.

      Bm   A7   F#m7 D
We need,___   we need to retrieve

        Em7   A   D   A/D   G6
From a world of make be-lieve.

        Gm6   D
From a world of make be-lieve.

I'll Be Home for Christmas

Words and Music by Kim Gannon
and Walter Kent

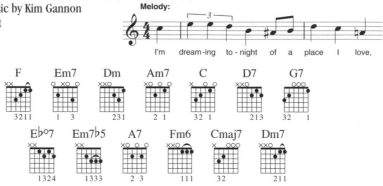

Intro

| | | F | | Em7 | Dm | Am7 |
I'm dreaming to-night of a place I love,

| | | Dm | | C |
Even more than I usually do.

| | | F | | Em7 | Dm | Am7 |
And although I know it's a long road back,

D7   **G7**
I promise you

Verse 1

| | C | Eb°7 | | Dm | G7 | Dm | G7 |
I'll be home for Christ-mas,

Em7b5 A7   **Dm   G7**
You can count on me.

Fm6   **G7**   **Cmaj7 Am7**
Please have snow and mistle - toe

| | D7 | | Dm7 | G7 |
And presents on the tree.

| | C | Eb°7 | | Dm7 G7 | Dm | G7 |
Christmas Eve will find me

Em7b5   **A7**   **Dm**
Where the lovelight gleams,

| | F | Fm6 | | Em7b5 | A7 |
I'll be home for Christ - mas

| | Dm G7 | C | | Dm | G7 |
If only in my dreams.

Verse 2

```
        C    Eb°7    Dm  G7 Dm  G7
        I'll be home for Christ-mas,

        Em7b5 A7       Dm   G7
        You can count on me.

        Fm6       G7       Cmaj7 Am7
        Please have snow and mistle - toe

          D7              Dm7  G7
        And presents on the tree.

        C         Eb°7    Dm7 G7  Dm   G7
        Christmas Eve will find  me

        Em7b5    A7       Dm
        Where the lovelight gleams,

        F     Fm6     Em7b5 A7
        I'll be home for Christ  -  mas

          Dm G7    C
        If only in my dreams.
```

I've Got My Love to Keep Me Warm

Words and Music by
Irving Berlin

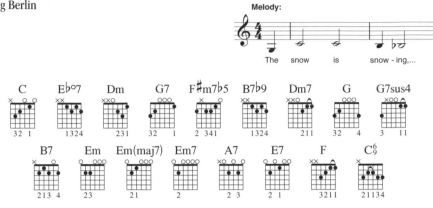

Verse 1

   C **E♭°7**
The snow is snowing,

  Dm **G7**
The wind is blowing,

  F♯m7♭5 B7♭9
But I can weather the storm.

   Dm7 G   **Dm7** **G**
What do I care how much it may storm?

C   **Dm7 G7** **C** **E♭°7 Dm7 G7sus4**
 I've got my love to keep me warm.

  C   **E♭dim7**
I can't re-member

 Dm   **G7**
A worse De-cember;

  F♯m7♭5 **B7♭9**
Just watch those icicles form.

   Dm7 G   **Dm7** **G**
What do I care if icicles form?

C   **Dm7 G7** **C** **B7**
 I've got my love to keep me warm.

Bridge 1

Em   Em(maj7)
Off with my overcoat,

Em7   A7
Off with my glove.

Dm7   E7 A7
I need no over-coat,

Dm   G
   I'm burning with love.

Verse 2

       C   Eb°7
My heart's on fire,

   Dm   G7
The flame grows higher.

F#m7b5 B7b9
So I will   weather the storm.

      Dm7 G   Dm7   G
What do I care how much it may storm?

C   Dm7 G7   C Eb°7 Dm7 G7sus4
  I've got my love to keep me warm.

Verse 3   *Repeat Verse 1*

Bridge 2   *Repeat Bridge 1*

Verse 4

     C   Eb°7
My heart's on fire,

   Dm   G7
The flame grows higher.

F#m7b5 B7b9
So I will   weather the storm.

    Dm7 G   Dm7   G
What do I care how much it may storm?

C   Dm7 G7   C   F C6/9
  I've got my love to keep me warm.

It Won't Seem Like Christmas

(Without You)

Words and Music by
J.A. Balthrop

Melody:

Oh, it won't seem like Christ-mas, oh, with-out you,...

Chord diagrams: A/C#, E7, E, F#m7, E/G#, A, D, A7, D#°7, F#°7, F#m, F, Gm, F/A, Bb, Eb, Bb7, E°7, F7, G7sus4, Cm

Intro

| A/C# | E7 | A/C# | E F#m7 E/G# |

Verse 1

         A   D   A
Oh, it won't seem like Christmas, oh, with-out you.

                 A7   D
For too many miles__ are be-tween.

            D#°7   A
But if I get the one thing that I'm wishing for

          E7   A   F#°7
Then I'll see you tonight in my dreams.

Verse 2

E/G# A   D   A
Seems a long time since we've been to-gether;

             A7   D
It was just about to this time of year.

            D#°7   A
Looks like it's gonna be snowy weather.

        E7   A
How I wish that you could be here.

Verse 3

```
        A               D            A
Oh, it won't seem like Christmas, oh, with-out you.

              A7        D
For too many miles__ are be-tween.

          D♯°7              A
But if I get the one thing that I'm wishing for

        E7                   A       F  Gm  F/A
Then I'll see you tonight in my dreams.
```

Verse 4

```
         B♭      E♭         B♭
In the distance I hear sleigh bells ringing.

          B♭7       E♭
The holly's so pretty this year

               E°7       B♭
And the carol that some - body's singing

      F7                      B♭      Gm
A re-minds me of our Christmas last year.

    F/A      B♭        E♭         B♭
Oh,___ but it won't be like Christmas with-out you

          B♭7       E♭
For too many miles___ are be-tween.

             E°7              B♭
Oh, but if I get the one thing that I'm wishing for

      F7                 B♭     F/A
Then I'll see you tonight in my dreams.

Gm    F7            B♭ E♭ B♭ Cm B♭ E♭ B♭
Yes, I'll see you tonight in my dreams.
```

It's Beginning to Look Like Christmas

By Meredith Willson

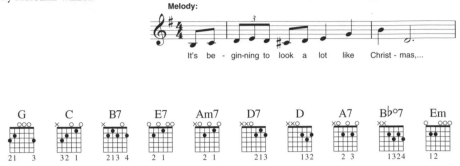

Melody:

It's be - gin-ning to look a lot like Christ - mas,...

G	C	B7	E7	Am7	D7	D	A7	Bb°7	Em
21 3	32 1	213 4	2 1	2 1	213	132	2 3	1324	12

Verse 1

     G   **C** **G**
It's be-ginning to look a lot like Christmas,

   B7   **C** **E7**
Ev'ry-where you go.

    Am7   **D7**
Take a look in the five and ten,

       G
Glistening once a-gain,

    D   **A7**   **Am7** **D**
With candy canes and silver lanes a-glow.

    G   **C** **G**
It's be-ginning to look a lot like Christmas,

   B7 **C** **E7**
Toys in ev'ry store.

    Am7   **Bbdim7**
But the prettiest sight to see

   G   **E7**
Is the holly that will be

    Am7 D7 **G**
On your own front door.

Bridge

B7
A pair of hopalong boots

And a pistol that shoots

Em
Is the wish of Barney and Ben.

A7
Dolls that will talk

And will go for a walk

D
Is the hope of Janice and Jen.

D7
And Mom and Dad can hardly wait

For school to start again.

Verse 2

    G   **C**   **G**
It's be-ginning to look a lot like Christmas,

   B7   **C** **E7**
Ev'ry-where you go.

    Am7   **D7**
There's a tree in the grand ho-tel,

      G
One in the park as well,

  D   **A7**   **Am7** **D**
The sturdy kind that doesn't mind the snow.

  G   **C**   **G**
It's be-ginning to look a lot like Christmas,

   B7   **C** **E7**
Soon the bells will start.

   Am7   **B♭°7**
And the thing that will make them ring

  G   **E7**
Is the carol that you sing

   Am7 D7 **G**
Right with-in   your heart.

It's Christmas Time All Over the World

Words and Music by
Hugh Martin

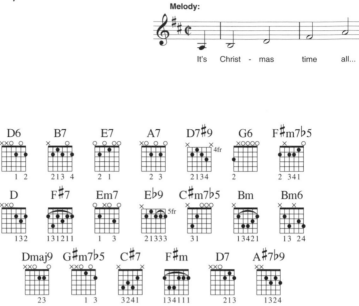

Melody:

It's Christ - mas time all...

Verse 1

          D6   B7   E7   A7
It's Christmas time all over the world,

          D6   B7   A7   D7#9
And Christmas here at home.

          G6   E7   F#m7♭5   B7
The church bells chime wher-ever we roam,

          A7   D   F#7   E7
So "Joyeux No-ël," "Feliz Na-tal,"

          G6   Em7   E♭9 D   Em7   A7
"Gellukkig Kerstfeest" to   you!

Verse 2

D6 B7 E7 A7
The snow is thick in most of the world

D6   B7   A7 D7#9
And children's eyes are wide

G6 E7   F#m7b5 B7
As old Saint Nick gets ready to ride,

A7   D F#7   E7
So "Feliz Navi-dad, "Cracium Feri-cit,"

G6 Em7   Eb9 D
And "Happy New Year" to you!

Bridge

C#m7b5 F#7 Bm Bm6
Though the customs____ may change,

Em7 A7 Dmaj9 D6
And the language____ is strange,

G#m7b5 C#7 F#m
This ap-peal we feel is real

Em7 A7
In Holland or Hong Kong.

Verse 3

D6 B7 E7 A7
It's Christmas time all over the world,

D6 B7 A7 D7#9
In places near and far;

G6 E7   F#m7b5 B7
And so, my friends, wher-ever you are,

A7   D
A "Fröhliche Weih-nachten!"

F#7 E7   D7   G6
"Kala Christ-ougena!" "Yoi Kurisu-masu!"

Em7   A#7b9 D Em7 D
Which means a very merry Christmas to you!

Jingle Bell Rock

Words and Music by Joe Beal
and Jim Boothe

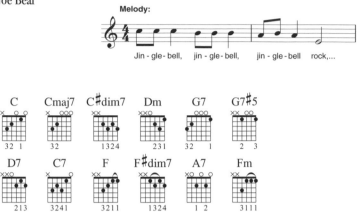

Verse 1

   C   Cmaj7 C
Jingle-bell, jingle-bell, jingle-bell rock,

     C#°7   Dm   G7
Jingle-bell swing and jingle-bells ring.

Dm   G7   Dm   G7
Snowin' and blowin' up bushels of fun,

Dm   G7#5
 Now the jingle hop has begun.

Verse 2

   C   Cmaj7 C
Jingle-bell, jingle-bell, jingle-bell rock,

     C#°7   Dm   G7
Jingle bells chime in jingle-bell time.

Dm   G7   Dm   G7
Dancin' and prancin' in Jingle Bell Square

D7   G7 C C7
 In the frosty air.

Bridge

        F   **F#°7**
What a bright time, it's the right time,

   C
To rock the night away.

    D7
Jingle-bell time is a swell time

G7
   To go glidin' in a one-horse sleigh.

Verse 3

C   **Cmaj7**   **C**
Giddy-ap, jingle horse pick up your feet,

           A7
Jingle around the clock.

F   **Fm**
Mix and mingle in a jinglin' beat,

D7   **G**
   That's the jingle-bell,

D7   **G7**   **C**
   That's the jingle-bell rock.

Jingle, Jingle, Jingle

Music and Lyrics by
Johnny Marks

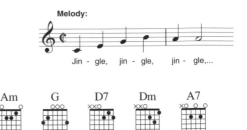

Melody:

Jin - gle, jin - gle, jin - gle,...

C	G7	F6	E7	Am	G	D7	Dm	A7

Verse 1

C
Jingle, jingle, jingle,

                                   G7
You will hear my sleigh bells ring.

I am old Kris Kringle,

                         C G7
I'm the king of jingl-ing.

C
Jingle, jingle, reindeer,

                           G7
Through the frosty air they'll go,

They are not just plain deer,

                          C
They're the fastest deer I know. *(Ho! Ho!)*

Bridge 1

        F6   C
You must believe that on Christmas Eve

G7   C E7
I won't pass you by,

    Am   G
I'll dash away in my magic sleigh,

D7   G7
Flying through the sky.

Verse 2

C
Jingle, jingle, jingle,

                G7
You will hear my sleigh bells ring.

I am old Kris Kringle

          C
I'm the king of jingl-ing. *(Ho! Ho!)*

Verse 3

C
Jingle, jingle, jingle,

                G7
You will hear his sleigh bells ring.

Jolly old Kris Kringle

       C   G7
Is the king of jingl-ing.

C
Jingle, jingle, reindeer,

                G7
Through the frosty air they'll go,

They are not just plain deer,

            C
They're the fastest deer I know. *(Ho! Ho!)*

Bridge 2

        F6   **C**
You must believe that on Christmas Eve

G7   **C** **E7**
He won't pass you by,

      Am   **G**
He'll dash away in his magic sleigh,

D7   **G7**
Flying through the sky.

Verse 4

C
Jingle, jingle, jingle,

                    G7
You will hear his sleigh bells ring.

Jolly old Kris Kringle

      Dm **A7** **Dm** **G7** **C**   **G7** **C**
Is the king of jin - gl - ing. *(Ho! Ho!)*

Merry Christmas, Darling

Words and Music by Richard Carpenter
and Frank Pooler

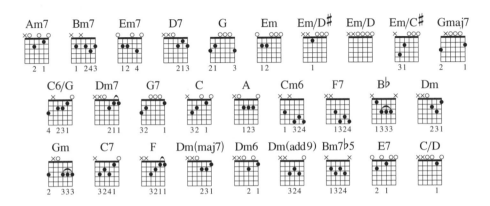

Intro

| | Am7 | | Bm7 | Em7 |
Greeting cards have all been sent,

Am7   D7   G
The Christmas rush is through,

Em   Em/D♯ Em/D   Em/C♯
But I still have one wish to make,

Am7   D7
A special one for you.

Verse 1

       Gmaj7   **C6/G**
       Merry Christmas, darling,

Gmaj7   **Dm7** **G7**
    We're apart, that's true;

   C   **D7**   **Bm7**   **Em7**
But I can dream, and in my dreams,

   Am7   **Bm7**   **Am7** **D7**
I'm Christmas-ing with you.

Gmaj7   **C6/G**
Holidays are joyful,

Gmaj7   **Dm7** **G7**
    There's always something new.

   C   **D7**   **Bm7**   **Em7**
But ev'ry day's a holiday

A   **Cm6** **F7**
    When I'm near to you.

Bridge 1

     B♭   **C**
The lights on my tree

 Am7   **Dm**
I wish you could see,

Gm   **C7** **F**
   I wish it ev'ry day.

   Dm   **Dm(maj7)**
The logs on the fire

Dm7   **Dm6**
Fill me with de-sire

G   **Am7** **Bm7** **Am7**
   To see you and to say...

Verse 2

D7   Gmaj7   C6/G
That I wish you a merry Christmas,

GmaJ7   Dm(add9) G7
   Happy New Year, too.

      C   D7   Bm7   Em7
I've just one wish on this Christmas Eve;

Am7   D7   G   F7
   I wish I were with you.

Bridge 2

Repeat Bridge 1

Verse 3

D7   Gmaj7   C6/G
That I wish you a merry Christmas,

Gmaj7   Dm(add9) G7
   Happy New Year, too.

      C   D7   Bm7   Em7
I've just one wish on this Christmas Eve;

Am7   D7   G   F7
   I wish I were with you.

Am7   D7   G   C/D Gmaj7
   I wish I were with you.

The Last Month of the Year
(What Month Was Jesus Born In?)

Words and Music by Vera Hall
Adapted and Arranged by
Ruby Pickens Tartt and Alan Lomax

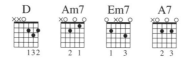

Verse 1

    D
What month was my Jesus born in?

      Am7   **D**
Last month___ of the year!

What month was my Jesus born in?

      Em7   **D**
Last month___ of the year!

Chorus 1

A7 D
Oh, January, February, March,

   Am7 D
April, May, June, oh Lord,

You got July, August, September,

October, and a November,

On the twenty-fifth day of December

     Em7   **D** **A7**
In the last month___ of the year.

Verse 2	**D** Well, they laid Him in a manger, **Am7** **D** Last month____ of the year! Well, they laid Him in a manger, **Em7** **D** Last month____ of the year!

Chorus 2   *Repeat Chorus 1*

Verse 3

D
Wrapped Him up in swaddling clothing,

    Am7   **D**
Last month____ of the year!

Wrapped Him up in swaddling clothing,

    Em7   **D**
Last month____ of the year!

Chorus 3   *Repeat Chorus 1*

Verse 4

D
Well, He was born of the Virgin Mary,

    Am7   **D**
Last month____ of the year!

He was born of the Virgin Mary,

    Em7   **D**
Last month____ of the year!

Chorus 4   *Repeat Chorus 1*

Let It Snow! Let It Snow! Let It Snow!

Words by Sammy Cahn
Music by Jule Styne

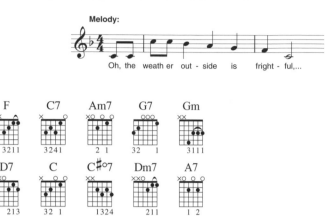

Melody:

Oh, the weath-er out - side is fright - ful,...

Verse 1

      F   **C7** **F**
Oh, the weather out-side is frightful,

    Am7 G7   **C7**
But the fire is so de-lightful,

    Gm   **D7**   **Gm**
And since we've no place to go,

    C7   **F**
Let it snow! Let it snow! Let it snow!

Verse 2

      F   **C7** **F**
It doesn't show signs of stopping,

    Am7   **G7**   **C7**
And I brought some corn for popping,

    Gm   **D7**   **Gm**
The lights are turned way down low,

    C7   **F**
Let it snow! Let it snow! Let it snow!

Bridge

        C   **C#°7**
When we finally kiss goodnight,

        Dm7   **G7**   **C**
How I'll hate going out in the storm.

                       A7
But if you'll really hold me tight,

D7   **G7**   **C7**
All the way home I'll be warm.

        F   **C7**   **F**
Verse 3   The fire is slowly dying

        Am7   **G7**   **C7**
And, my dear, we're still good-bye-ing,

        Gm   **D7**   **Gm**
But as long as you love me so,

        C7   **F**
Let it snow! Let it snow! Let it snow!

Little Saint Nick

Words and Music by Brian Wilson
and Mike Love

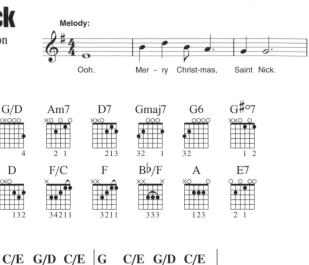

Melody:

Ooh.   Mer - ry Christ-mas,   Saint Nick.

G C/E G/D Am7 D7 Gmaj7 G6 G#°7

C Dsus4 D F/C F B♭/F A E7

Intro | G   C/E G/D C/E | G   C/E G/D C/E |

Am7
Ooh.

D7   **G**
Merry Christmas, Saint Nick.
              (Christmas comes this time each year.)

Am7 D7
Ooh.

Verse 1
        Am7   D7   **Am7   D7**
Well, way up north where the air gets cold,
          G   Gmaj7   **G6   G#°7**
There's a tale about Christmas that you've all been told.
        Am7   D7   **Am7   D7**
And a real famous cat all dressed up in red,
          G   Gmaj7   G6
And he spends his whole year workin' out on his sled.

Chorus 1
                C
It's the little Saint Nick. (Little Saint Nick.)
          Am7   **Dsus4 D**
It's the little Saint Nick. (Little Saint   Nick.)

Verse 2

      Am7   D7   Am7   D7
Just a little bob-sled, we call it Old Saint Nick,

        G   Gmaj7   G6   G♯°7
And she'll walk a to-boggan with a four-speed stick.

      Am7   D7   Am7   D7
She's a candy-apple red with a ski for a wheel,

        G   Gmaj7   G6
And when Santa gives her gas, man, just watch her peel.

Chorus 2

Repeat Chorus 1

Bridge

C   F/C   C
Run, run, rein - deer.

F   B♭/F   F
Run, run, rein - deer.

  C   F/C   C
Oh, run, run, rein - deer.

A
Run, run, reindeer.

    N.C.
He don't miss no one.

Verse 3

      Am7   D7   Am7   D7
And haulin' through the snow at a fright'nin' speed

       G   Gmaj7 G6   G♯°7
With a half a dozen deer with Rudy to lead.

     Am7   D7   Am7   D7
He's gotta wear his goggles 'cause the snow really flies,

       G   Gmaj7   G6   G7
And he's cruisin' ev'ry pad with a little surprise.

Chorus 3

Repeat Chorus 1

A Marshmallow World

Words by Carl Sigman
Music by Peter De Rose

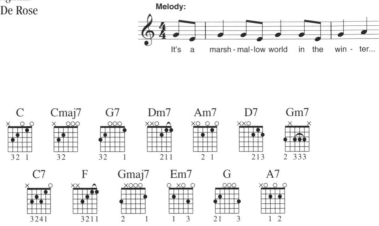

Melody:

It's a   marsh-mal-low world   in the   win-ter...

| C | Cmaj7 | G7 | Dm7 | Am7 | D7 | Gm7 |
| C7 | F | Gmaj7 | Em7 | G | A7 | |

Verse 1

             C   Cmaj7   C
It's a marshmallow world in the winter

Cmaj7 C   Cmaj7 G7
When the snow comes to cover the ground.

        Dm7   G7   C   Am7
It's the time for play, it's a whipped cream day,

    D7   G7
I wait for it the whole year round.

Verse 2

             C   Cmaj7   C
Those are marshmallow clouds being friendly,

Cmaj7 C   Cmaj7   G7
In the arms of the evergreen trees.

        Dm7 G7   C   Am7
And the sun is red like a pumpkin head,

    D7   G7   C
It's shining so your nose won't freeze.

Bridge

Gm7   C7   F   Dm7
The world is your snowball; see how it grows.

Gm7   C7   F
That's how it goes, when-ever it snows.

Am7   D7   Gmaj7 Em7
The world is your snowball just for a song,

Am7 D7   G G7
Get out and roll it a-long.

Verse 3

C   Cmaj7   C
It's a yum-yummy world made for sweethearts,

Cmaj7 C   Cmaj7 G7
Take a walk with your favorite girl.

Dm7 G7   C   A7
It's a sugar date, what if spring is late?

D7   G7   C
In winter it's a marshmallow world.

Merry Christmas, Baby

Words and Music by Lou Baxter
and Johnny Moore

Melody:

Mer - ry, mer - ry Christ - mas, ba - by, _____

G7   C7   D7   D7#9   Db7

131211   3241   3241   2134   3241

Intro
| G7 | C7 | G7 | | |

| C7 | | G7 | | |

| D7 | C7 | G7 | | |

Verse 1

G7
Merry, merry Christmas baby,
C7   G7
Sure did treat me nice.
            C7
I said merry Christmas, baby,
                    G7
Sure did treat me nice.
            D7
Gave me a dia-mond ring for Christmas,
C7   G7
Now I'm living in paradise.

Verse 2

            G7
Well, I'm feeling mighty fine;
C7   G7
Got good music on my radio.
            C7
Well, I'm feel-ing mighty fine;
                    G7
Got good music on my radio.
            D7
Well, I wan - na kiss you, baby,
C7   G7
While you're standing 'neath the mistletoe.

GUITAR CHORD SONGBOOK

Interlude   *Repeat Intro*

Verse 3   *Repeat Verse 1*

Verse 4   *Repeat Verse 2*

Verse 5

        G7
Well, I'm feeling mighty fine;
C7   **G7**
   Got good music on my radio.
      C7
Well, I'm feel-ing mighty fine;
           G7
Got good music on my radio.
     D7
Well, I wan - na kiss you, baby,
C7   **G7**   **D7#9**
   While you're standing 'neath the mistletoe.

Outro

      G7
‖: I said mer - ry Christmas, baby,
C7   **G7**
   Yes, you sure did treat me nice.
     C7
Merry, merry Christmas, baby,
           G7
Well, you sure did treat me nice.
       D7   **D♭7**
Gave me a diamond ring for Christmas,
C7   **G7**
   Now I'm living in paradise.   :‖   *Repeat and fade*

The Merry Christmas Polka

Words by Paul Francis Webster
Music by Sonny Burke

Chorus 1

         D
Come on and dance the Merry Christmas Polka,

      G   **D**
Let ev'ry-one be happy and gay.

        G   **A7**   **D**   **Bm7**
Oh, it's the time to be jolly and deck the halls with holly,

  Em   **A7**
So let's have a jolly holi-day!

         D
Come on and dance the Merry Christmas Polka,

      G   **F#**
Another joyous season has be-gun.

     Em A7   **F#m7**   **Bm7**
Roll out the yule-tide barrels and sing out the carols,

  Em7   **D** **A7 D**
A merry Christmas ev' - ry - one!

Chorus 2

        D
Come on and dance the Merry Christmas Polka,

    G   **D**
Let ev'ry lady step with her beau

    G   **A7**
Around a tree to the ceiling

   D   **Bm7**
With lots of time for stealing

     Em   **A7**
Those kisses beneath the mistle-toe!

        D
Come on and dance the Merry Christmas Polka,

   G   **F♯**
With ev'ry-body joining in the fun.

     Em   **A7**
Roll out the barrels that cheer you

  F♯m7   **Bm7**
And shout till they hear you:

 Em7   **D** **A7 D G6 D**
A merry Christmas ev' - ry - one!

Merry, Merry Christmas Baby

Words and Music by Gilbert Lopez
and Margo Sylvia

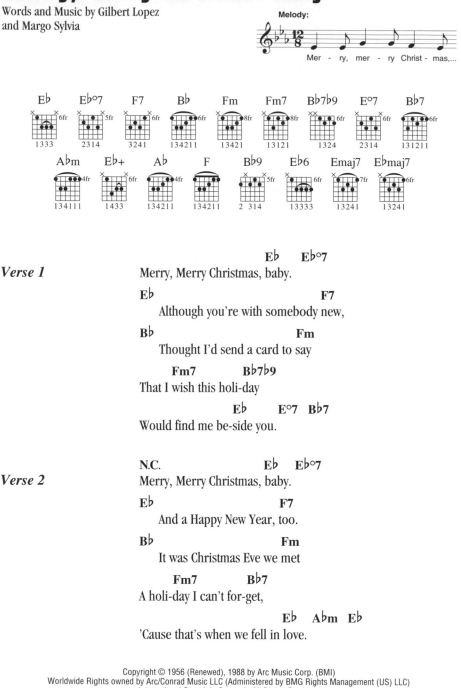

Verse 1

                                       Eb   Eb°7
Merry, Merry Christmas, baby.

Eb   **F7**
Although you're with somebody new,

Bb   **Fm**
Thought I'd send a card to say

     Fm7   **Bb7b9**
That I wish this holi-day

                     Eb   **E°7 Bb7**
Would find me be-side you.

Verse 2

    N.C.   **Eb   Eb°7**
Merry, Merry Christmas, baby.

Eb   **F7**
And a Happy New Year, too.

Bb   **Fm**
It was Christmas Eve we met

     Fm7   **Bb7**
A holi-day I can't for-get,

                         Eb Abm Eb
'Cause that's when we fell in love.

Bridge 1

Eb+   Ab
I still re-member

                              Eb
The gifts we gave to each other.

                    F
This love I hold within my heart

Bb7   Fm7   Bb7
Still grows, though we're a-part.

Verse 3

N.C.   Eb   Eb°7
Have a Merry, Merry Christmas, baby.

Eb   F7
    And a Happy New Year, too.

Bb   Fm
    I am hoping that you'll find

    Fm7   Bb7b9
A love as true as mine.

                              Eb   Abm   Eb   Bb
Merry, Merry Christmas, baby.

Interlude   *Repeat Verse 1 (Instrumental)*

Bridge 2   *Repeat Bridge 1*

Verse 4

N.C.   Eb   Eb°7
Have a Merry, Merry Christmas, baby.

Eb   F7
    And a Happy New Year, too.

Bb   Fm
    I am hoping that you'll find

    Fm7   Bb7b9
A love as true as mine.

                    Bb9   Eb6   Emaj7   Ebmaj7
Merry, Merry Christmas, ba - by.

Miss You Most at Christmas Time

Words and Music by Mariah Carey
and Walter Afanasieff

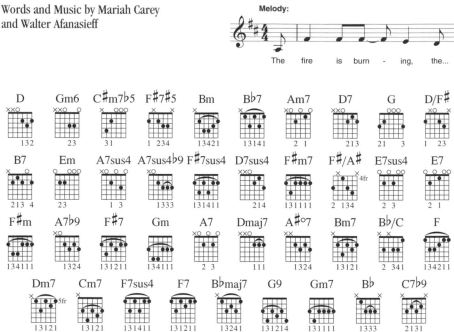

Intro

| D | Gm6 | D | Gm6 |

Woo.

Verse 1

    D
The fire is burning,

    Gm6
The room's all aglow,

    D   **Gm6**
Out-side the December wind blows,

    D
A-way in the distance

    C#m7♭5   **F#7#5**   **Bm** **B♭7** **Am7** **D7**
The carolers sing_____ in the snow.

Chorus 1

G
Ev'rybody's laughing,

  D/F#   B7
The world is cele-brating

  Em7
And ev'ryone's so happy

  A7sus4
Ex-cept for me tonight.

  A7sus4♭9 D
Be-cause, I miss you

F#7sus4   F#7#5
Most at Christmas time

       Bm
And I can't get you,

D7sus4   D7
Get you off my mind.

G
Ev'ry other season

     F#m7   F#/A#   Bm
Comes a-long and I'm_____ alright.

      E7sus4 E7
But then I miss you

Em F#m G   A7♭9 D
Most at   Christ - mas time.

Gm6   D   Gm6
    Ooh, yeah.

Verse 2

  D
I gaze out the window

  Gm6
This cold winter's night

  D   Gm6
At all of the twinkling lights,

  D
A-lone in the darkness,

  C#m7♭5   F#7#5   Bm B♭7 Am7 D7
Re-membering when_____ you were mine.

Chorus 2

G
Ev'rybody's smiling,

  D/F$\sharp$ B7
The whole world is re-joicing

  Em
And ev'ryone's embracing

  A7sus4
Ex-cept for you and I.

  A7sus4$\flat$9 D
Ba-by,   I   miss you

F$\sharp$7sus4   F$\sharp$7$\sharp$5
Most at Christmas time

     Bm
And I can't get you,

D7sus4   D7
Get you off my mind.

G
Ev'ry other season

     F$\sharp$m7   F$\sharp$/A$\sharp$ Bm
Comes a-long and I'm_____ alright.

    E7sus4 E7
But then I miss you

Em F$\sharp$m G   A7$\flat$9 D
Most at   Christ - mas time.

Bridge

F#7sus4 F#7   Bm
In the springtime those mem'ries start to fade

Gm   A7sus4 A7   Dmaj7
With the A -   pril rain.

F#7sus4   F#7
Through the summer days,

A#°7   Bm7
Till autumn's leaves arc gone,

E7sus4   E7
I get by with-out you

        A7sus4
Till the snow begins to fall.

Chorus 3

        Bb/C F
And then I miss you

A7sus4   A7
Most at Christmas time

        Dm7
And I can't get you, no,no,no,no,

Cm7   F7sus4 F7
Get you off my mind.

Bbmaj7
Ev'ry other season

        A7sus4 A7   Dm7 G9
Comes a-long and I'm al-right.

        Gm7
But then I miss you

        Am7 Bb   C7b9 F
Most at   Christmas___ time.

Mister Santa

Words and Music by
Pat Ballard

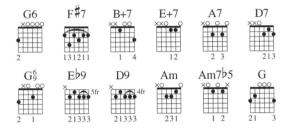

Verse 1

     G6 **F#7**
Mister Santa, bring me some toys;

B+7   **E+7**
 Bring Merry Christmas to all girls and boys,

A7   **D7**
 And ev'ry night I'll go to bed singing

G6/9   **Eb9** **D9**
 And dream about the presents you'll be bringing.

G6 **F#7**
Santa, promise me, please,

B+7   **E+7**
 Give ev'ry reindeer a hug and a squeeze.

Am   **Am7b5**
I'll be good as good can be,

   G **A7** **D7** **G** **D7**
Mister Santa, don't for-get me.

Verse 2

      G6   **F#7**
Mister Santa, dear old Saint Nick,

B+7   **E+7**
    Be awful careful and please don't get sick.

A7   **D7**
    Put on your coat when breezes are blowin',

G6/9   **E♭9**   **D9**
    And when you cross the street, look where you're goin'.

G6   **F#7**
Santa, we love you so,

B+7   **E+7**
    We hope you never get lost in the snow.

Am   **Am7♭5**
Take your time when you un-pack,

      G   **A7**   **D7 G**   **D7**
Mister Santa, don't hur-ry back.

Verse 3

      G6   **F#7**
Mister Santa, we've been so good,

B+7   **E+7**
    We've watched the dishes and done what we should.

A7   **D7**
    Made up the beds and scrubbed up our toesies,

G6/9   **E♭9**   **D9**
    We've used Kleenex when we've blown our nosies.

G6   **F#7**
Santa, look at our ears,

B+7   **E+7**
    They're clean as whistles, we're sharper than shears.

Am   **Am7♭5**
Now we've put you on the spot,

      G   **A7**   **D7** **G6**
Mister Santa, bring us a lot.

Mistletoe and Holly

Words and Music by Frank Sinatra,
Dok Stanford and Henry W. Sanicola

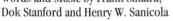

A   E7   C°7   Bm7   Dm7   G7   Cmaj7   C6   G#m7

C#7   F#maj7   F#6/C#   F#m7   B9   C#7#5   F#7   B7

Verse 1

      A   E7   A
Oh, by gosh, by golly,

                  C°7   Bm7 E7
It's time for mistle - toe and holly,

      A C°7   E7
Tasty pheasants, Christmas presents,

      Bm7   E7   A
Countrysides covered with snow.

Verse 2

      A   E7   A
Oh, by gosh, by jingle,

                  C°7   Bm7   E7
It's time for carols and Kris Kringle,

      A C°7 E7
Over - eating, merry greetings

      Bm7   E7   A
From rela - tives you don't know.

Bridge

Dm7 G7   Cmaj7   C6
Then comes that big night,

Dm7   G7   Cmaj7   C6
Giving the tree the trim,

G#m7   C#7   F#maj7 F#6/C#
You'll hear voices by starlight

F#m7   B9   E7
Singing a yuletide hymn.

Verse 3

A   E7   A
Oh, by gosh, by golly,

             C°7   Bm7 E7
It's time for mistle - toe and holly,

A   C°7   E7
Fancy ties an' granny's pies an'

Bm7   E7   C#7#5 G7
Folks stealin' a kiss or two

    B7   E7   A   Bm7 E7 A
As they whisper, "Merry Christmas to you."

The Most Wonderful Time of the Year

Words and Music by Eddie Pola
and George Wyle

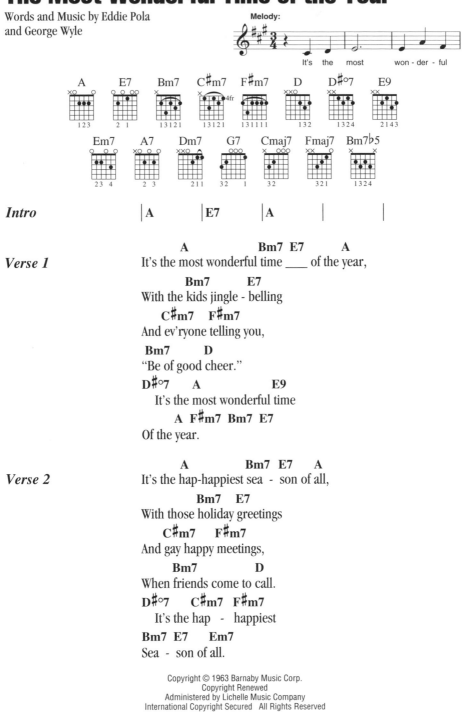

Intro |A |E7 |A | |

Verse 1

         A   Bm7   E7   A
It's the most wonderful time ____ of the year,

      Bm7   E7
With the kids jingle - belling

      C#m7   F#m7
And ev'ryone telling you,

      Bm7   D
"Be of good cheer."

D#°7   A   E9
    It's the most wonderful time

      A F#m7 Bm7 E7
Of the year.

Verse 2

         A   Bm7   E7   A
It's the hap-happiest sea - son of all,

      Bm7   E7
With those holiday greetings

      C#m7   F#m7
And gay happy meetings,

      Bm7   D
When friends come to call.

D#°7   C#m7   F#m7
    It's the hap - happiest

Bm7 E7   Em7
Sea - son of all.

Bridge

A7　　　　D　　　Bm7
　There'll be parties for hosting,

　C#m7　　F#m7
Marsh - mallows for toasting

　Bm7　E7　　　A
And caroling out in the snow.

　　　Dm7　　　G7
There'll be scary ghost stories

　Cmaj7　　Fmaj7
And tales of the glories

　Dm7　　　Bm7♭5　　Bm7　E7
Of Christmases long, long a - go.

Verse 3

　　　　A　　　　Bm7　E7　　　A
It's the most wonderful time ___ of the year.

　　Bm7　　　　E7
There'll be much mistle - toeing

　C#m7　　　F#m7
And hearts will be glowing

　Bm7　　　　D
When loved ones are near.

D#°7　　A　　　　　Bm7
　It's the most wonderful time,

E7　　A　　　　Bm7
　The most wonderful time,

E7　　　A　　　　Bm7　E7　　A
　It's the most wonderful time　of the year.

The Night Before Christmas

Words and Music by
Carly Simon

Melody:

Chil-dren car - ry   through the streets

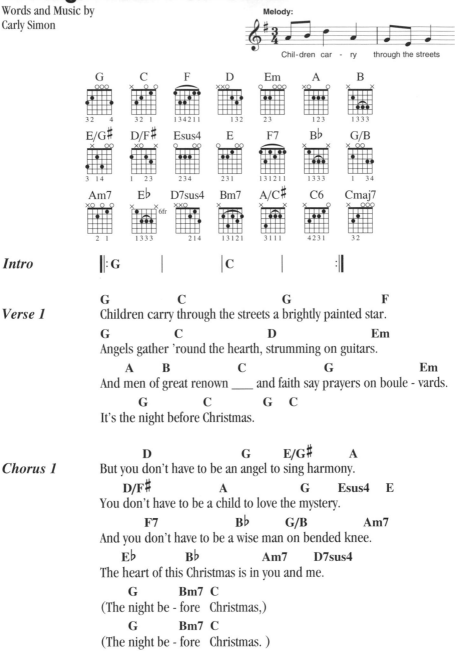

Intro   ‖: G | | C | :‖

Verse 1

G   C   G   F
Children carry through the streets a brightly painted star.

G   C   D   Em
Angels gather 'round the hearth, strumming on guitars.

A B   C   G   Em
And men of great renown ___ and faith say prayers on boule - vards.

G   C   G C
It's the night before Christmas.

Chorus 1

D   G E/G# A
But you don't have to be an angel to sing harmony.

D/F#   A   G Esus4 E
You don't have to be a child to love the mystery.

F7   Bb G/B   Am7
And you don't have to be a wise man on bended knee.

Eb   Bb   Am7 D7sus4
The heart of this Christmas is in you and me.

G Bm7 C
(The night be - fore   Christmas,)

G Bm7 C
(The night be - fore   Christmas.)

Verse 2

```
      G            C          G           F
If your heart's been longing, you've been afraid to try,

      G            C              D                Em
Sorrows kept you company, and the dance has passed you by,

      A    B        C             G              Em
I'll lift you up and blaze ___ with you a - cross the moonlit sky

         G        C       G    C
On the night before Christmas.
```

Chorus 2

```
                   D              G      E/G♯     A
'Cause you don't have to be an angel to sing harmony.

      D/F♯            A            G    Esus4   E
You don't have to be a child to love the mystery.

        F7              B♭       G/B          C
And you don't have to be a wise man on bended knee.

      A/C♯       D            C          G/B
The heart of this Christmas is in you and me.

      C        G              C6  Cmaj7
The heart of this Christmas is in you

D7sus4 G    C    G    C
And     me.
        (Ooh.     Ooh.)
```

Outro

```
        G       Bm7  C
‖: (The night be - fore  Christmas,

        G       Bm7  C
The night be - fore  Christmas. ) :‖   Repeat and fade
                                       w/ lead vocal ad lib.
```

The Night Before Christmas Song

Music by Johnny Marks
Lyrics adapted by Johnny Marks
from Clement Moore's Poem

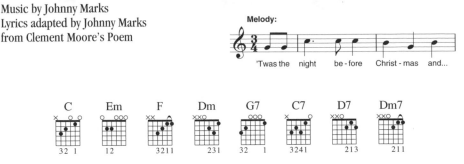

C	Em	F	Dm	G7	C7	D7	Dm7

Verse 1

        C   **Em**   **F**   **C**
'Twas the night before Christmas and all through the house,

 Dm   **C**   **G7** **C**
Not a creature was stirring, not even a mouse.

         Em   **F**   **C**
All the stockings were hung by the chimney with care,

 Dm   **C**   **G7**   **C**
In the hope that Saint Nicholas soon would be there.

 F   **C**
Then what to my wondering eyes should appear,

 Dm **G7**   **C**   **C7**
A miniature sleigh and eight tiny rein-deer,

 F   **C**
A little old driver so lively and quick,

 D7   **Dm7**   **G7**
I knew in a moment it must be Saint Nick.

       C   **Em**   **F**   **C**
And more rapid than eagles his reindeer all came,

  Dm   **C**   **G7**   **C**
And he shouted, "On, Dasher" and each reindeer's name.

Verse 2

        C   Em   F   C
And so up to the housetop the reindeer soon flew,

     Dm   C   G7   C
With the sleigh full of toys and Saint Nicholas too.

                Em   F   C
Down the chimney he came with a leap and a bound.

     Dm   C   G7   C
He was dressed all in fur and his belly was round.

   F   C
He spoke not a word but went straight to his work,

   Dm   G7   C   C7
And filled all the stockings, then turned with a jerk,

   F   C
And laying his finger a-side of his nose,

   D7   Dm7   G7
Then giving a nod, up the chimney he rose.

      C   Em   F   C
But I heard him ex-claim as he drove out of sight,

    Dm   C   G7   C
"Merry Christmas to all, and to all a good night!"

Nuttin' for Christmas

Words and Music by Sid Tepper
and Roy C. Bennett

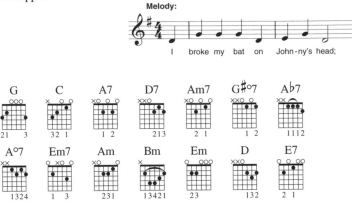

Melody:

I broke my bat on John-ny's head;

Verse 1

 | G | | C | G
I broke my bat on Johnny's head;

A7 | | D7 | | G | D7
Somebody snitched on me.

 | G | | C | G
I hid a frog in sister's bed;

A7 | | D7 | | G | Am7
Somebody snitched on me.

 | G | | G#°7 | Am7 | | Ab7
I spilled some ink on Mommy's rug,

Am7 | A°7 | G | Em7
I made Tommy eat a bug,

C | | | G | | | Am | Am7
Bought some gum with a penny slug;

D7 | | | | G
Somebody snitched on me.

GUITAR CHORD SONGBOOK

Chorus 1

D7 G   Bm   Em   Em7
Oh, I'm gettin' nuttin' for Christmas.

Am   Am7   D7
Mommy and Daddy are mad.

G   Bm   Em   Em7
I'm gettin' nuttin' for Christmas,

     Am7   D7   G Am7 D7
'Cause I ain't been nuttin' but bad.

Verse 2

 G   C   G
I put a tack on teacher's chair;

A7   D7   G D7
Somebody snitched on me.

 G   C   G
I tied a knot in Susie's hair;

A7   D7   G Am7
Somebody snitched on me.

 G G#°7   Am7   Ab7
I did a dance on Mommy's plants,

Am7   A°7   G   Em7
Climbed a tree and tore my pants,

C   G   Am   Am7
Filled the sugar bowl with ants;

D7   G
Somebody snitched on me.

Chorus 2   *Repeat Chorus 1*

Verse 3

G   C   G
I won't be seeing Santa Claus;

A7   D7   G D7
Somebody snitched on me.

G   C   G
He won't come visit me be-cause

A7   D7   G Am7
Somebody snitched on me.

G   G#°7 Am7 A♭7
Next year I'll be going straight,

Am7   A°7 G   Em7
Next year I'll be good, just wait,

C   G   Am   Am7
I'd start now, but it's too late;

D7   G
Somebody snitched on me.

Chorus 3   *Repeat Chorus 1*

Outro

      Am   D   G   E7
So you better be good, what-ever you do,

      Am7 D7   Bm   E7
'Cause if you're bad I'm warning you,

Am7 D7   G
You'll get nuttin' for Christmas.

Silver and Gold

Music and Lyrics by
Johnny Marks

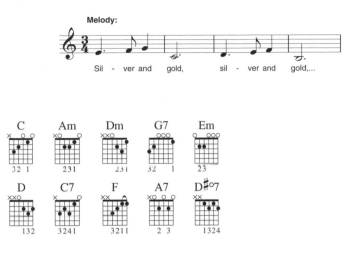

Verse 1

C   Am   Dm   G7
Silver and gold, silver and gold,

C   Am   Dm   G7
Ev'ryone wishes for silver and gold,

C   Em   Am
How do you measure its worth?

D   G7
Just by the pleasure it gives here on earth?

C   Am   Dm   G7
Silver and gold, silver and gold,

C   C7   F   A7
Mean so much more when I see

Dm   D#°7   C
Silver and gold deco-rations

   G7   Dm   G7   C
On ev'ry Christ-mas tree.

Verse 2   *Repeat Verse 1*

One Bright Star

Words and Music by
John Jarvis

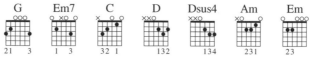

Intro

>   **G**   **Em7** **C**   **G**
> Long, long ago in a world dark and cold,
>
>   **D**   **C**
> A night so still, winter's chill,
>
> **G**   **Dsus4** **D**
> One bright star was shin - ing.

Verse 1

>   **G**
> On a bed made of hay
>
> **Em7** **C**   **G**
> In a man - ger He lay.
>
>   **Am**   **Em** **D** **C**
> The shepherds came, they knew His name,
>
> **G**   **Dsus4**   **D** **G**
> King of Kings. A brand new day.

Chorus 1

> **C**   **D**   **G**
> They saw the light in the darkness.
>
>   **C**   **D**   **G**
> It shines on love and tenderness,
>
> **C**   **D** **G**
> Brings out the hope that's in all of us.
>
>   **Am**   **D**   **G**
> May it shine its light on you this Christmas night.

Verse 2

      G
On this Christmas day,

        Em7 C   **G**
May that star   light your way.

                Am   **Em** **D C**
This Christmas Eve, I still be-lieve

G   **Dsus4**   **D G**
That same star still shines on me.

Chorus 2

C   **D**   **G**
They saw the light in the darkness.

 C   **D**   **G**
It shines on love and tenderness,

C   **D**   **G**
Brings out the hope that's in all of us.

    Am   **D**   **G**
May it shine its light on you this Christmas night.

    Am   **D**   **G**
May it shine its light on you this Christmas night.

Outro

G	**Em7 C**	**G**	**D**	
C **D**	**G**			

Please Come Home for Christmas

Words and Music by Charles Brown
and Gene Redd

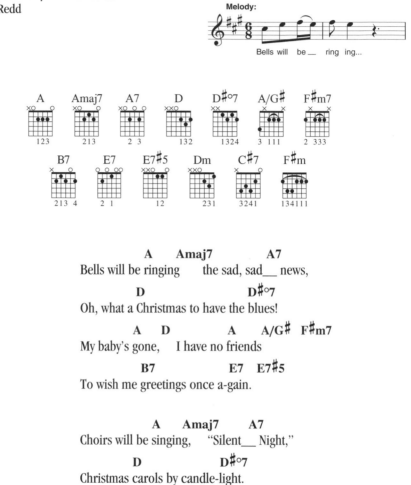

Verse 1

       A **Amaj7**   **A7**
Bells will be ringing the sad, sad__ news,

     D   **D#°7**
Oh, what a Christmas to have the blues!

      A **D**   **A** **A/G#** **F#m7**
My baby's gone, I have no friends

      B7   **E7** **E7#5**
To wish me greetings once a-gain.

Verse 2

       A **Amaj7**   **A7**
Choirs will be singing, "Silent__ Night,"

     D   **D#°7**
Christmas carols by candle-light.

         A
Please come home for Christmas,

  D   **A** **A/G#** **F#m7**
  Please come home for Christmas;

    B7   **E7**   **A** **A7**
If not for Christmas, by New Year's night.

Bridge

              D   Dm
Friends and re-lations send salu-tations

A   E7$\sharp$5   A   A7
Sure as the stars shine above.

          D   Dm
For this Christmas, yes, Christmas, my___ dear,

          B7   E7   E7$\sharp$5
It's the time of year to be with the one you love.

Verse 3

          A   Amaj7   A7
So, won't you tell me   you'll nevermore___ roam.

           D   D$\sharp$°7
Christmas and New Year will find you home.

               A   C$\sharp$7   F$\sharp$m A D
There'll be no more sorrow,   no grief and pain,

  B7   A   F$\sharp$m7 B7 E7   A   E7$\sharp$5
And I'll be happy,   hap-py   once a-gain.

Interlude

|A |Amaj7 |A7 | |

|D | |D$\sharp$°7 | |

Outro

                  A   C$\sharp$7
Oo. There'll be no more sorrow,

        F$\sharp$m A D
No grief and pain

    B7   A   F$\sharp$m7
And I'll be happy.

B7   E7   A D A
Christmas___ once a-gain.

Pretty Paper

Words and Music by
Willie Nelson

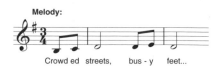

Melody:

Crowd ed streets, bus - y feet...

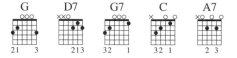

G   D7   G7   C   A7

Verse 1

          G   **D7**   **G**
Crowded streets, busy feet hustle by him.

                 D7   **G**
Downtown shoppers, Christmas is nigh.

             G7   **C**
There he sits all a-lone on the sidewalk.

A7   **D7**
Hoping that you won't pass him by.

Verse 2

          G   **D7**
Should you stop? Better not,

          G
Much too busy. You're in a hurry,

  D7   **G**
My how time does fly.

            G7   **C**
In the distance the ringing of laughter,

         G   **D7**   **G**
And in the midst of the laughter, he cries.

Chorus 1

    G   D7
Pretty paper, pretty ribbons of blue.

                                      G
Wrap your presents to your darling from you.

          G7   C
Pretty pencils to write, "I love you."

    G   D7   C   G
Pretty paper, pretty ribbons of blue.

Chorus 2

    G   D7
Pretty paper, pretty ribbons of blue.

                                      G
Wrap your presents to your darling from you.

          G7   C
Pretty pencils to write, "I love you."

    G   D7   G
Pretty paper, pretty ribbons of blue.

Rockin' Around the Christmas Tree

Music and Lyrics by
Johnny Marks

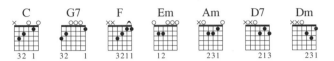

C	G7	F	Em	Am	D7	Dm
32 1	32 1	3211	12	231	213	231

Verse 1

    C
Rockin' around the Christmas tree

       G7
At the Christmas party hop.

Mistletoe hung where you can see,

         C
Ev'ry couple tries to stop.

Rockin' around the Christmas tree,

      G7
Let the Christmas spirit ring.

Later we'll have some pumpkin pie

             C
And we'll do some carol-ing.

Bridge 1

    F   **Em**
You will get a sentimental feeling when you hear

    Am
Voices singing "Let's be jolly,

    D7   **G7**
Deck the halls with boughs of holly!"

Verse 2

C
Rockin' around the Christmas tree,

    G7
Have a happy holiday.

Ev'ryone dancing merrily

           C
In the new old-fashioned way.

Verse 3   *Repeat Verse 1*

Bridge 2   *Repeat Bridge 1*

Verse 4

C
Rockin' around the Christmas tree,

    G7
Have a happy holiday.

Ev'ryone dancing merrily

        Dm   G7 C
In the new old-fash - ioned   way.

Rudolph the Red-Nosed Reindeer

Music and Lyrics by
Johnny Marks

Melody:

You know Dash-er and Danc-er and Pranc-er and Vix-en,...

Dm	Em	F	C	Am	D7	G7	C7	G
231	12	3211	32 1	231	213	32 1	3241	21 3

Intro

          Dm   **Em**   **F**   **C**
You know Dasher and Dancer and Prancer and Vixen,

Dm   **Em**   **F**   **C**
Comet and Cupid and Donner and Blitzen,

Am
But do you recall

        D7   **G**
The most famous reindeer of all?

Verse 1

  C
Rudolph, the red-nosed reindeer

        G7
Had a very shiny nose,

And, if you ever saw it,

         C
You would even say it glows.

All of the other reindeer

          G7
Used to laugh and call him names,

They never let poor Rudolph

       C
Join in any reindeer games.

Bridge 1

F   C
Then one foggy Christmas Eve

G7   C
Santa came to say,

 G
"Rudolph, with your nose so bright,

Am   D7   G7
Won't you guide my sleigh tonight?"

Verse 2

C
Then how the reindeer loved him

                               G
As they shouted out with glee:

"Rudolph, the red-nosed reindeer,

                       C
You'll go down in histo-ry!"

Verse 3

Repeat Verse 1

Bridge 2

Repeat Bridge 1

Verse 4

C
Then how the reindeer loved him

                               G
As they shouted out with glee:

"Rudolph, the red-nosed reindeer,

                       C
You'll go down in histo-ry!"

Santa, Bring My Baby Back
(To Me)

Words and Music by Claude DeMetruis
and Aaron Schroeder

Verse 1

          C
Don't need a lot of presents

    F   **C**
To make my Christmas bright.

F
I just need my baby's arms

C
Wound around me tight.

         G7
Oh, Santa,____ hear my plea.

F   **G7**   **C**
Santa, bring my baby back to me.

Verse 2

          C
The Christmas tree is ready,

    F   **C**
The candles all a-glow,

    F
But with my baby far away

    C
What good is mistletoe?

         G7
Oh, Santa,____ hear my plea.

F   **G7**   **C**
Santa, bring my baby back to me.

Bridge

          F
Please make those reindeer hurry;

     C
The time is drawin' near.

    D7
It sure won't seem like Christmas

    G7 N.C.
Un-less my baby's here.

Outro

       C
Don't fill my socks with candy,

     F   C
No bright and shiny toy.

     F
You wanna make me happy

     C
And fill my heart with joy,

          G7
Then, Santa,___ hear my plea.

F   G7   C F C
Santa, bring my baby back to me.

Santa Claus Is Comin' to Town

Words by Haven Gillespie
Music by J. Fred Coots

Melody:

You better watch out, you better not cry.

G Em Am D7 A9 C E♭6 D

Dm A7 A F♯m7 Bm7 C7 G6

Intro

|G Em |Am D7 |G Em |A9 D7 |

Verse 1

    G   C   E♭6
You better watch out, you better not cry,

G   C   E♭6
Better not pout, I'm telling you why.

G Em   Am   D7   G Em A9 D7
Santa Claus is comin' ____ to town.

Verse 2

    G   C   E♭6
He's making a list and checking it twice,

G   C   E♭6
Gonna find out who's naughty and nice.

G Em   Am   D7   G D G
Santa Claus is comin' ____ to town.

Bridge 1

   Dm   G   C   Am
He sees you when you're sleeping.

   Dm   G   C A7
He knows when you're a - wake.

   Em   A   F♯m Bm7
He knows if you've been bad or good,

    Em N.C. A   D
So be good for   goodness sake.

Verse 3

G   C   Eb6
Oh, you better watch out, you better not cry,
G   C   Eb6
Better not pout, I'm telling you why.
G   Em   Am   D7   G Em A9 D7
Santa Claus is comin' ___ to town.

Verse 4

G   C   Eb6
With little tin horns and little toy drums,
G   C   Eb6
Rooty toot toots and rummy tum tums.
G   Em   Am   D7   G Em A9 D7
Santa Claus is comin' ___ to town.

Verse 5

G   C   Eb6
Curly head dolls that cuddle and coo,
G   C   Eb6
Elephants, boats and kiddie cars, too.
G   Em   Am   D7   G C7 G
Santa Claus is comin' ___ to town.

Bridge 2

Dm   G   C   Am
The kids in Girl-and-Boyland
Dm   G   C
Will have a jubi - lee.
A7   Em   A   F#m   Bm7
They're gonna build a Toyland town
Em N.C. A   N.C. D
All a - round the   Christ - mas tree.

Outro-Verse

G   C   Eb6
Oh, you better watch out, you better not cry,
G   C   Eb6
Better not pout, I'm telling you why.
G   Em   Am D7
Santa Claus is comin',
G   Em   Am D7
Santa Claus is comin',
G   Em   Am   D7   G C Eb6
Santa Claus is comin' ___ to town.
G N.C.   G6
He's comin' to town.

Shake Me I Rattle
(Squeeze Me I Cry)

Words and Music by Hal Hackady
and Charles Naylor

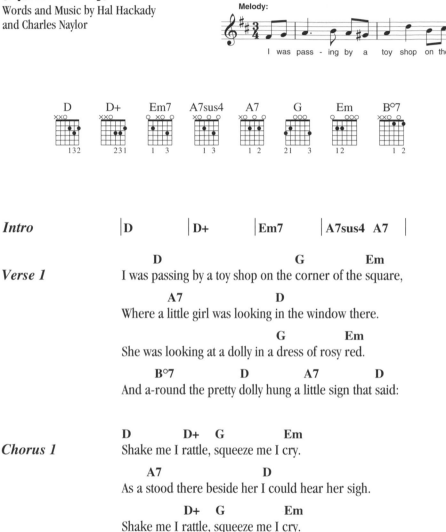

Intro |D |D+ |Em7 |A7sus4 A7 |

Verse 1

            D   G   Em
I was passing by a toy shop on the corner of the square,

         A7   D
Where a little girl was looking in the window there.

                                G   Em
She was looking at a dolly in a dress of rosy red.

        B°7   D   A7   D
And a-round the pretty dolly hung a little sign that said:

Chorus 1

    D   D+   G   Em
Shake me I rattle, squeeze me I cry.

       A7   D
As a stood there beside her I could hear her sigh.

            D+   G   Em
Shake me I rattle, squeeze me I cry.

A7   D
Please take me home and love me.

Verse 2
        D   **G**   **D**
I re-called another toy shop on a square so long a-go

       A7   **D**
Where I saw a little dolly that I wanted so.

                    G   **Em**
I remembered, I remembered how I longed to make it mine.

      B°7   **D**   **A7**   **D**
And a-round that other dolly hung an-other little sign:

Chorus 2   *Repeat Chorus 1*

Verse 3
        D   **G**   **D**
It was late and snow was falling as the shoppers hurried by,

      A7   **D**
Past the girlie at the window with her little head held high.

                    G   **Em**
They were closing up the toy shop as I hurried through the door.

      B°7   **D**   **A7**   **D**
Just in time to buy the dolly that her heart was longing for.

Chorus 3   *Repeat Chorus 1*

Silver Bells

Words and Music by Jay Livingston
and Ray Evans

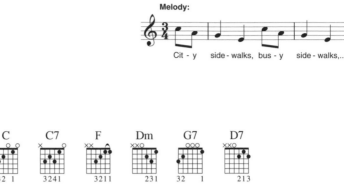

Verse 1

       C   **C7**
City sidewalks, busy sidewalks,

       F   **Dm**
Dressed in holiday style;

   G7   **C**   **G7**
In the air there's a feeling of Christmas.

       C   **C7**
Children laughing, people passing,

     F   **D7**
Meeting smile after smile,

   G7   **C**
And on ev'ry street corner you hear:

	C
Chorus 1	Silver bells. (Silver bells.)

C
Silver bells. (Silver bells.)

F
Silver bells. (Silver bells.)

G7   **C   G7**
It's Christmastime in the city.

C
Ring-a-ling. (Ring-a-ling.)

F
Hear them ring. (Hear them ring.)

G7   **C   G7**
Soon it will be Christmas day.

Verse 2

                          C   **C7**
Strings of street lights, even stoplights

               F   **Dm**
Blink a bright red and green

        G7   **C**   **G7**
As the shoppers rush home with their treasures.

               C   **C7**
Hear the snow crunch, see the kids bunch,

               F   **Dm**
This is Santa's big scene,

        G7   **C**
And a-bove all this bustle you hear:

Chorus 2   *Repeat Chorus 1*

Sleigh Ride

Music by Leroy Anderson
Words by Mitchell Parish

Melody:

Just hear those sleigh bells jin - gl - ing,

G   Am7   D7   Bb   C#m7   F#7   B   Bm7   E7   A

Intro
| G | Am7   D7 | G | |

Verse 1

G N.C.   G
      Just hear those sleigh bells jingling,

Am7   D7   G
Ring-ting-tingling, too.

Am7   D7   G
    Come on, it's lovely weather

     Am7   D7   G
For a sleigh ride to - gether with you.

Bb   D7   G
    Out - side the snow is falling

   Am7   D7   G
And friends are calling "Yoo hoo."

Am7   D7   G
    Come on, it's lovely weather

     Am7   D7   G
For a sleigh ride to - gether with you.

Bridge

    C#m7   F#7
Giddy yap, giddy yap, giddy yap, let's go.

B
   Let's look at the show.

C#m7   F#7   B
   We're riding in a wonder - land of snow.

   Bm7   E7
Giddy yap, giddy yap, giddy yap, it's grand,

A
   Just holding your hand.

Am7   D7   Am7 D7
   We're gliding along with a song of a wintery fairy - land.

Verse 2

             G   Am7 D7   G
Our cheeks are nice and rosy, and comfy cozy are we.

Am7   D7   G   Am7   D7   G
   We're snuggled up together like two birds of a feather would be.

B♭   D7   G   Am7 D7   G
   Let's take that road before us and sing a chorus or two.

Am7   D7   G
   Come on, it's lovely weather

   Am7   D7   G
For a sleigh ride to - gether with you.

Some Children See Him

Lyric by Wihla Hutson
Music by Alfred Burt

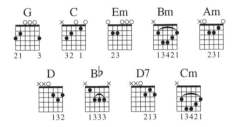

Verse 1

     G   **C**
Some children see Him lily white,

   Em   **C**   **Bm**
The Baby Jesus born this night.

     C   **Am G**
Some children see Him lily   white,

   Am   **Em**
With tresses soft and fair.

   D   **Em**   **Bm**
Some children see Him bronzed and brown,

   C   **B♭**   **D7**
The Lord of heav'n to earth come down;

   G   **Cm**
Some children see Him bronzed and brown,

   C   **Am** **G**
With dark and heavy hair.

Verse 2

     G   **C**
Some children see Him almond-eyed,

     Em   **C**   **Bm**
This Savior whom we kneel be-side,

     C   **Am**   **G**
Some children see Him almond-eyed,

     Am   **Em**
With skin of yellow hue.

     D   **Em**   **Bm**
Some children see Him dark as they,

     C   **B♭**   **D7**
Sweet Mary's Son to whom we pray;

     G   **Cm**
Some children see Him dark as they,

     C   **Am**   **G**
And, ah, they love Him too!

Verse 3

     G   **C**
The children in each diff'rent place

     Em   **C**   **Bm**
Will see the Baby Jesus' face

     C   **Am**   **G**
Like theirs, but bright with heav'nly grace,

     Am   **Em**
And filled with holy light.

     D   **Em**   **Bm**
O lay a-side each earthly thing,

     C   **B♭** **D7**
And with thy heart as offer-ing,

     G   **Cm**
Come worship now the Infant King,

     C   **Am**   **G**
'Tis love that's born to-night!

The Star Carol

Lyric by Wihla Hutson
Music by Alfred Burt

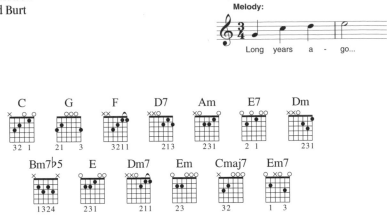

Melody:
Long years a - go...

Verse 1

C   G C   F   D7 G
Long years a - go on a deep win-ter night,

Am   E7 Am   Dm Bm7♭5 E
High in the heav'ns a star shone   bright,

Dm7   Em Dm7 Em Dm Em Cmaj7 F   Em7
While in a   man - ger a   wee In - fant lay,

F   Em Dm7   C F C
Sweetly a - sleep on a bed of hay.

Verse 2

C   G C   F   D7 G
Jesus, the Lord, was that Baby so small,

Am   E7 Am   Dm Bm7♭5 E
Laid down to sleep in a hum - ble   stall;

Dm7   Em Dm7 Em Dm Em Cmaj7 F   Em7
Then came the star and it   stood o - ver - head,

F   Em Dm7   C F C
Shedding its light 'round His lit - tle bed.

Verse 3

C   G C   F D7 G
Dear Ba-by Jesus, how tiny Thou art,

Am   E7 Am   Dm Bm7♭5 E
I'll make a place for Thee in my   heart,

Dm7   Em Dm7 Em Dm Em Cmaj7 F Em7
And when the stars in the heav - ens   I see,

F Em Dm7   C F C
Ever and always I'll think of Thee.

Suzy Snowflake

Words and Music by Sid Tepper
and Roy Bennett

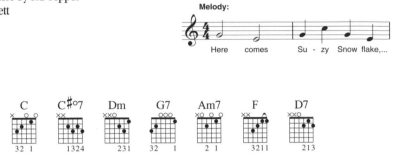

C	C#°7	Dm	G7	Am7	F	D7
32 1	1324	231	32 1	2 1	3211	213

Verse 1

> C   C#°7
> Here comes Suzy Snowflake,
>
> Dm   G7
> Dressed in a snow white gown,
>
> Dm G7   C   Am7
> Tap, tap, tappin' at your window pane
>
>   Dm   G7
> To tell you she's in town.

Verse 2

> C   C#°7
> Here comes Suzy Snowflake,
>
> Dm   G7
> Soon you will hear her say:
>
> Dm G7   C   Am7
> "Come out ev'ryone and play with me;
>
>   Dm G7 C
> I haven't long to stay.

Bridge 1

F
If you wanna make a snowman,

C   G7   C
I'll help you make one, one, two, three.

F
If you wanna take a sleigh ride,

D7   G7
   The ride's on me."

Verse 3

C   C#°7
Here comes Suzy Snowflake,

Dm   G7
Look at her tumblin' down,

Dm   G7   C
Bringing joy to ev'ry girl and boy;

Dm G7   C
Suzy's come to town.

Bridge 2   *Repeat Bridge 1*

Verse 4   *Repeat Verse 3*

This One's for the Children

Words and Music by
Maurice Starr

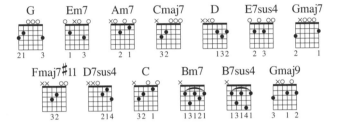

Verse 1

      G   **Em7**
There are some people living in this world,

Am7
They have no food to eat,

  Cmaj7   **D**
They have no place to go.

G
But we all are God's children,

     E7sus4
We have to learn to love one another.

Am7
Just remember they could be us,

  Cmaj7   **D**
Re-member, we are___ all brothers.

Chorus 1

Cmaj7   Gmaj7
  I'm not trying to darken up your day,

Fmaj7♯11
  But help others in need

  Am7   D7sus4
And show them there's a better_____ way.

         C   Bm7   Em7
This one's for the chil - dren,

Cmaj7   C   Bm7 Em7
  The children of__ the world.

Cmaj7   C   Bm7   Em7
  This one's for the chil - dren,

Am7   D7sus   G   Bm7 Cmaj7 Am7 D7sus
  May God keep them in His__ throne.   Oo.

Verse 2

G
  Many people are happy

  Em7
And many people are sad.

Am7
  Some people have many things

  Cmaj7   D
That others can only__ wish they had.

G
  So, for the sake of the children,

  E7sus4
Show_____ them love's the only way to go,

Am7
  'Cause they're our tomorrow,

  Cmaj7   D
And, people, they've got to__ know.

Chorus 2   *Repeat Chorus 1*

Chorus 3
                 C   **Bm7** **Em7**
This one's for the chil - dren,

Cmaj7   **C**   **Bm7** **Em7**
  The children of__ the world.

Cmaj7   **C**   **Bm7**   **Em7**
  This one's for the chil - dren,

Am7   **D7sus4**   **Gmaj9**
  May God keep them in His_____ throne.

Cmaj7   **Gmaj9**
  The children of the world.

  Gmaj9   **Cmaj7**
𝄆: This one's for the chil - dren. :𝄇 *Repeat and fade*

What Are You Doing New Year's Eve?

By Frank Loesser

Melody:

May-be it's much too ear-ly in the game,

(Chord diagrams: G, F7, G7, C, Cm, Em, A7, D7, F#7, Bm7, E7, C7, C#m, Gmaj7)

Verse 1

G   F7
Maybe it's much too early in the game,

G   G7   C   Cm
Ah, but I thought I'd ask you just the same,

G   Em   A7   D7   G   D7
What are you doing new year's, New Year's Eve?

Verse 2

G   F7
Wonder whose arms will hold you good and tight,

G   G7 C   Cm
When it's ex-actly twelve o'clock that night,

G   Em   A7   D7   G   F#7
Welcoming in the new year, New Year's Eve?

Bridge

Bm7   E7   C7
Maybe I'm crazy to sup-pose

Bm7   C#m   C7
I'd ever be the one you chose

Bm7   Gmaj7 E7   A7   D7
Out of a thousand invi - tations you'll re-ceive.

Verse 3

G   F7
Ah, but in case I stand one little chance,

G   G7   C   Cm
Here comes the jackpot question in advance:

G   Em   A7   D7   G
What are you doing new year's, New Year's Eve?

We Need a Little Christmas

from MAME

Music and Lyric by
Jerry Herman

Melody:

Haul   out   the   hol - ly, _____

G   Dm6   E7   Am   D7   G7   C   A7

Verse 1

G
Haul out the holly,

                            Dm6   **E7**
Put up the tree before my   spirit falls___ again.

Am D7   **Am**
Fill up the stocking,

D7   **Am**
   I may be rushing things, but

D7   **Dm6**   **E7**
   Deck the halls again now.

Am E7 Am   **D7**
For we need a little Christmas,

G
Right this very minute.

Am   **D7**
Candles in the window,

G
Carols at the spinet.

G7   **C**   **D7**
Yes, we need a little Christmas,

G
Right this very minute.

    A7
It hasn't snowed a single flurry,

    D7
But Santa, dear, we're in a hurry.

Verse 2

       G
So climb down the chimney,

Turn on the brightest string of

Dm6   **E7**
    Lights I've ev - er seen,

Am **D7**   **Am**   **D7**
Slice up the fruitcake,

            Am
It's time we hung some tinsel

D7   **Dm6**   **E7**
   On that evergreen bough.

Am E7 Am   **D7**
For I've grown a little leaner,

G
Grown a little colder,

Am   **D7**
Grown a little sadder,

G
Grown a little older.

G7 **C**   **D7**
And I need a little angel,

G
Sitting on my shoulder,

Am   **D7**   **G**
Need a little Christmas now!

Verse 3

Am E7 Am   **D7**
For we need a little music,

G
Need a little laughter,

Am   **D7**
Need a little singing,

G
Ringing through the rafter.

G7   **C**   **D7**
And we need a little snappy

 G
"Happy ever after,"

Am   **D7**   **G**
Need a little Christmas now!

What Christmas Means to Me

Words and Music by George Gordy,
Allen Story and Anna Gordy Gaye

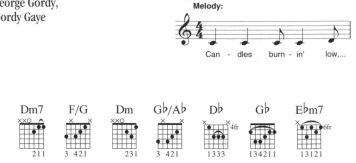

Melody:

Can - dles burn - in' low,...

C	F	Dm7	F/G	Dm	Gb/Ab	Db	Gb	Ebm7

Verse 1

C   F
Candles burnin' low,

C   F
Lots of mistletoe.

C   F
Lots of snow and ice,

C   F
Ev'rywhere we go.

C   F
Choirs singin' carols

C   F
Right outside my door.

Dm7
All these things and more,

(All these things and more, baby.)

      F/G
That's what Christ - mas means to me, my love.

(That's what Christmas means to me, my love.)

Verse 2

   C   F
I see your smiling face

    C   F
Like I never seen before.

   C   F
E - ven though I love___ you madly,

   C   F
It seems I love you more.

    C   F
The lit - tle cards you'll give___ me

    C   F
Will touch___ my heart for sure.

  Dm7
All___ these things and more, darlin',

(All these things and more, darlin'.)

     F/G
That's what Christ - mas means to me, my love.

(That's what Christmas means to me, my love.)

Bridge

 F
 I feel like runnin' wild,

As anxious as a little child

   C
To greet___ you 'neath the mistletoe,

     F
Kiss you once and then___ some more.

  Dm
And wish you a Merry Christmas, baby,

(Wish you a Merry Christmas, baby.)

   F/G
And such happiness in the coming year.
Gb/Ab
 Whoa, baby.

Verse 3

               Db   Gb
Let's deck___ the halls with hol - ly,

Db   Gb
Sing sweet "Silent Night."

Db   Gb
Fill a tree with an - gel hair

     Db   Gb
And pretty, pretty lights.

Db   Gb
Go to sleep and wake___ up

Db   Gb
Just before daylight.

      Ebm7
And all___ these things and more, baby,

(All these things and more, baby.)

          Gb/Ab
That's what Christ - mas means to me, my love.

(That's what Christmas means to me, my love.)

Outro   ‖: Db | Gb   :‖   *Repeat and fade*

Where Are You Christmas?

from DR. SEUSS' HOW THE GRINCH STOLE CHRISTMAS

Words and Music by Will Jennings,
James Horner and Mariah Carey

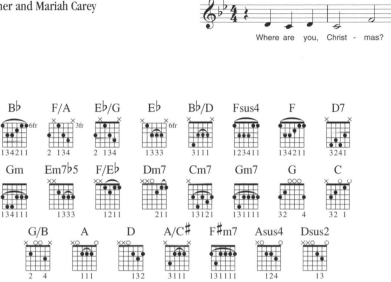

Melody:

Where are you, Christ - mas?

Intro ‖: Bb | F/A | Eb/G | F/A :‖

Verse 1

Bb   F/A
Where are you, Christmas?

Eb/G   F/A
Why can't I find you?

Bb   F/A   Eb/G F/A
Why have you gone a-way?

Verse 2

Bb   F/A
Where is the laughter

Eb/G   F/A
You used to bring me?

Bb   F/A   Eb/G F/A
Why can't I hear music play?

Eb   Bb
My world is changing.

Eb   Bb
I'm rear-ranging.

Eb   Bb/D   Eb   Fsus4 F Bb F/A Eb/G F/A
Does that mean Christmas chang   -   es too?

Verse 3

Bb   F/A
Where are you, Christmas?

Eb/G   F/A
Do you re-member

Bb   F/A   Eb/G F/A
The one you used to know?

Eb   Bb
I'm not the same one.

Eb   Bb
See what the time's done.

Eb   Bb   Eb Fsus4 F Bb   D7
Is that why you have let   me go? Oh.

Bridge

Gm   D7   Bb   D7
Christmas is here, ev'ry-where. Oh.

Gm   D7   Bb   Em7b5
  Christmas is here, if you care.

Eb   F/Eb   Dm7   Eb Bb/D
  If there is love in your heart and your mind,

Cm7   Eb   Gm7 F   G
You will feel like Christmas all the time. Oh.

Verse 4

C   G/B
  I feel you, Christmas,

F/A   G/B
  I know I found you.

C   G/B   F   A
  You never fade a - way. Oh.

Verse 5

D   A/C♯
  The joy of Christmas

G/B   A/C♯
  Stays here in-side us,

D   A/C♯ F♯m7 G   Asus4
  Fills each and ev' - ry   heart

A   D A/C♯ G/B A/C♯
With love.

        D   A/C♯
Where are you, Christmas?

           G/B A/C♯ A
Fill your heart with love.

Dsus2
  Mm.

The White World of Winter

Words by Mitchell Parish
Music by Hoagy Carmichael

Melody:

In this won - der - ful white...

G   D   G6   D7   Bm7   A7   Am7   Am

Am7♭5   Bm   Dm   E7♭9   G7   E7   C

Verse 1

      G   D   G6   D   G6
In this won-derful white world of winter,

    D7 G Bm7 A7   Am7 D7
Dar-ling, we'll have a wonderful time;

         Am   Am7   D7
First, we'll ride side by side through the hinter

     Am7♭5   D7   G
And ronde-lay to the sleigh - bell's merrie chime;

      D   G   D   G6
Then we'll ski fancy free down the mountains

         G   Bm   Dm E7♭9 Am
And take those chances____ all silly people do.

         D7   G6
If there's ever a moment you are freezin',

Am7   D7   G
Just a little squeezin' could be mighty pleasin',

 D7 G D7 G G7   E7♭9
In this won-derful white world of winter,

     Dm E7 Am   C   D   G   D7
I'm fall - in' head over heels over you.

Verse 2

G   D   G6 D   G6
In this won-derful white world of winter,

D7 G   Bm7 A7   Am7 D7
Dar-ling, we'll have a wonderful time;

Am   Am7   D7
If we prayed it would snow all this winter,

Am7♭5   D7   G
I ask ya, is that a terr'ble hor - r'ble crime?

D   G   D   G6
I can't wait till we skate on Lake Happy

G   Bm   Dm   E7♭9 Am
And sup a hot butt - ered cup in the after - glow.

D7   G6
If there's ever a moment you're not laughin',

Am7   D7   G
Maybe a to-boggan split your little noggin'.

D7 G D7 G   G7   E7♭9
In this won-derful white world of winter,

Dm E7 Am   C   D G C   G
I'm think-in' you are the sweetest one I know.

Winter Wonderland

Words by Dick Smith
Music by Felix Bernard

Melody:

Sleigh bells ring, ___ are you lis - t'nin'?

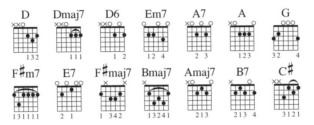

D   Dmaj7   D6   Em7   A7   A   G

F#m7   E7   F#maj7   Bmaj7   Amaj7   B7   C#

Intro

| D   Dmaj7 | D6   Dmaj7 | |

Verse 1

D6 N.C.   D   Dmaj7   D6
      Sleigh bells ring,   are you list'nin'?

Dmaj7 Em7 A7   Em7   A7
  In the lane   snow is glist'nin'.

  A   G   F#m7   Em7
A beautiful sight, ___ we're happy tonight,

    E7   A7   D
Walk - in' in a winter wonder - land.

Verse 2

Em7   D Dmaj7 D6
Gone a - way   is the bluebird,

Dmaj7 Em7 A7   Em7   A7
  Here to stay   is the new bird.

  A   G F#m7   Em7
He sings a love song ___ as we go along

    E7   A7   D
Walk - in' in a win - ter wonder - land.

Bridge

F#maj7   Bmaj7   F#maj7 Bmaj7
In the meadow we can build a snowman

F#maj7   Bmaj7   F#maj7
And pretend that he is Parson Brown.

Amaj7   Dmaj7   Amaj7
He'll say, "Are you married?" We'll say, "No man!

  F#m7   E7   Em7
But you can do the job when you're in town!"

Outro-Verse

      D Dmaj7   D6
Later on ____   we'll con - spire,

Dmaj7 Em7 A7   Em7 A7
  As we dream   by the fire,

    A   G   F#m7   Em7
To face unafraid ____ the plans that we've made

  E7   A7   D   B7
Walk - in' in a win - ter wonder - land.

E7   A7   D C# D
Walk - in' in a winter wonder - land.

Wonderful Christmastime

Words and Music by
Paul McCartney

Melody:

The mood is   right, ___

A   Amaj7   F#m   Bm7   E7   C#m7   D   G

Verse 1

    A   Amaj7
The mood is right,

    A   F#m
The spirit's up,

    A   Amaj7
We're here tonight

    A
And that's enough.

Chorus 1

Bm7 E7 C#m7 F#m D   G   A
Sim - ply hav - ing a wonderful Christmas-time.

Bm7 E7 C#m7 F#m D   G   A
Sim - ply hav - ing a wonderful Christmas-time.

Verse 2

    A   Amaj7
The party's on,

    A   F#m
The feeling's here

    A   Amaj7
That only comes

    A
This time of year.

Chorus 2

Repeat Chorus 1

Bridge 1

    A   F#m   Bm7   E7   A
The choir of children sing their song.

        F#m   Bm7   E7
(They practiced all year long.)

    A
Ding dong, ding dong.

Ding, dong, ding.

```
        Bm7 E7 C#m7 F#m D        G       A
We're sim - ply hav  -  ing a wonderful Christmas-time.
Bm7 E7 C#m7 F#m  D        G       A
Sim - ply hav  -  ing a wonderful Christmas-time.
```

Verse 3

```
A               Amaj7
The word is out
A               F#m
About the town,
A               Amaj7
To lift a glass,
A
Oh, don't look down.
```

Chorus 3

Repeat Chorus 1

Bridge 2

```
A      F#m   Bm7   E7     A
The choir of children sing their song.
       F#m      Bm7   E7
(They practiced all year long.)
A      D    A    D    A    D
Ding dong, ding dong, ding dong,
A    D    A    D    A    E7
Ding dong, ding dong, ding dong,
                  A
Dong, dong, dong, dong.
```

Verse 4

```
A               Amaj7
The party's on,
A               F#m
The spirit's up.
A                 Amaj7
We're here tonight
A
And that's enough.
```

Outro

```
Bm7 E7 C#m7 F#m D        G       A
Sim - ply hav  -  ing a wonderful Christmas-time.
        Bm7 E7 C#m7 F#m
‖: We're sim - ply hav  -  ing
   D     G     A
A wonderful Christmas-time. :‖   Repeat and fade
```

White Christmas

Words and Music by
Irving Berlin

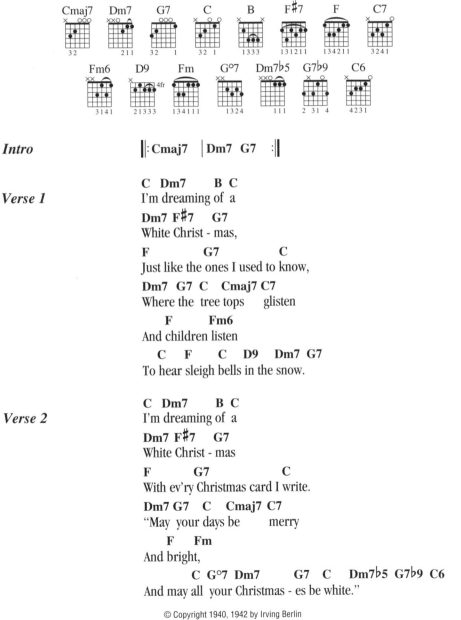

Intro

‖: Cmaj7 | Dm7 G7 :‖

Verse 1

C Dm7   B C
I'm dreaming of a

Dm7 F#7   G7
White Christ - mas,

F   G7   C
Just like the ones I used to know,

Dm7 G7 C   Cmaj7 C7
Where the tree tops   glisten

   F   Fm6
And children listen

    C   F   C   D9   Dm7 G7
To hear sleigh bells in the snow.

Verse 2

C Dm7   B C
I'm dreaming of a

Dm7 F#7   G7
White Christ - mas

F   G7   C
With ev'ry Christmas card I write.

Dm7 G7   C   Cmaj7 C7
"May your days be   merry

    F   Fm
And bright,

      C G°7 Dm7   G7   C   Dm7♭5 G7♭9 C6
And may all your Christmas - es be white."